文庫

今日一日

丸山時次

天理教道友社

本書は、昭和十五年（一九四〇年）に刊行された同名の単行本を文庫化したものです。復刊に際して一部削除し、文字遣いや表現を改めました。

あゝ丸山時次君

松井忠義

七月九日朝、丸山君の訃報《ふほう》を聞いた。つい二月《ふたつき》ばかり前、丸山君の教会で、いろいろ話しあったばかりである。それからわずかに、数カ月、もう再びあえないかと思うと、悲しみを通りこして、ただ茫然《ぼうぜん》とするよりほかはなかった。

丸山君は典型的の天理教布教者であった。すでに教会長となり主事となり、立派な役職につくようになっても、彼はいつまでも単独布教者の面影をとどめ、つねにその匂《にお》いを発散していた。

おそらく本人も、それを最も誇りとしていたことであろう。なりふりにかまわず、飲食にこらず、教会でもいつも皆と同じものを食べ、同じように暮らしていたと思う。単独布教者の苦しみを身をもって味わっていただけに、いわば功なり名をとげてからも、自分一人だけよい目を見る気に、どうしてもなれなかったに違いない。

その著者『今日一日』は、その当時のいつわらざる記録である。十数年の昔に書いたものであるが、いまもなお脈々と生きていると言ってよい。おそらく永久に単独布教者の教科書になるであろう。

彼は肋骨《ろっこつ》カリエスを患い、大学病院の中から、いや墓場の中から這《は》い出してきた男である。そこから真一文字に単独布教者の生活につき進み、つぶさに辛酸《しんさん》の限りをなめつくした。

彼は後年、その当時のことをあまり語らなくなったが、東京から信州塩尻《しおじり》の上級教会まで飲まず食わず、七十里の山坂を、それも二尺近い雪の中を、こけつまろびつ駆けつけた話などは何遍《なんべん》聞いても涙なしには聞けなかったものである。

彼はその時のことを、

「上級への土産《みやげ》は何一つなかった。持って行ったものは涙だけであった。自分も泣いた。会長も泣いた。皆も泣いた。泣いて心と心とが通った。厳冬の真夜中を泣いて明かした」

と言っている。

しかし、それほどの苦労をしながらも、彼には苦労人にありがちな暗い陰は少しもなかった。頑《かたく》なところもなかった。いつも明るく、おだやかに優しかった。

丸山君の訃を伝えると、みんな、決まって「惜しい人を死なした」「もう少し生かしておきたかった」と異口同音に言った。丸山君も以《もっ》て瞑《めい》すべきであろう。

丸山君を思い出すと、私は安岡正篤《やすおかまさひろ》先生を思い出す。私は彼の紹介によって、一、二度先生にお目にかかった。言うまでもなく、先生は天下に聞こえた学者であり、また思想家である。その先生が、いつも丸山君には許しておられた。

「その実行力にはとても及ばぬ」とも言っておられたかと思う。

そう言えば、丸山君も、系統だった学問はしなかったかもしれないが、身体《からだ》を張って体得した、一種の立派な思想家であったような気がする。

その人いまや亡し。切に寂寥《せきりょう》を感ずる。

（『天理時報』昭和31年7月15日号の追悼文から転載）

自序

この世に私ほど幸福な者が、もう一人とあるだろうかと思う。そしてまた、私ほど、感謝と感激とに日を送っている者があるだろうかと思う。ある人は、「何がそのように嬉《うれ》しいのですか」と言う。私は「何も彼《か》も嬉しいのだ」と答える。「そのように不自由な暮らしをしていて、どこに喜びがあるのですか」と言う。私は、「神様のご恩がたまらなくありがたいのだ。それ以外にはない」と答える。

かつては不平と不満とに鳴らした私であった。世を呪《のろ》い人に憤《いきどお》っていた私であった。二十年前の丸山時次も、二十年後の丸山時次も、身は一つである。しかし、一人の丸山時次は、明暗二相の世に生きた。

暗い丸山時次は明るさを求めて、世の中の楽しみを漁《あさ》り歩いた。酒を飲んでも芝居《しばい》を見ても美妓《びぎ》を侍《はべ》らしても、それはその場限りの楽しみで、いつまでも暗い心の光とはならなかった。楽しみが尽きれば求め歩く、また求め歩く——そうして、ただ苛立《いらだ》った。

明るい丸山時次は何をも求めない。神の声を楽しんでいるだけである。それでいて限りなく楽しい。限りなくありがたい。私は夢にも、このような世界があるとは知らなかった。

今日《きょう》の喜びがあまりにも大きくて、感激に胸が沸き立って、それを言い表そうと思っても、意《い》余って言葉足らぬ嘆きをしなければならぬ私である。書けと言われて書いてはみたが、どうも、自分の思い——自分の今日の喜びを書ききれない。幾度も筆を投げた。しかし、書けと言われる人の熱意もだし難《がた》く、幾多の心残りはありながら、ようやくいま、筆を擱《お》いた。

今日一日を生涯に。
私の愛唱する言葉をもって題名とした。

本書は私にとっては初めての出版である。これもまた喜びである。こういう運びをしてもらえる友人の恩、教えの恩を思うと、また私はたまらない感激を覚える。そうした感謝と感激との明るい生活から生まれ出《い》づるものは、やはり、どんなものでも明るいと思うのである。本書出版については、時報社の上田《うえだ》氏に一方《ひとかた》ならぬお世話になったことを、末筆ながら御礼を申し上げて――国家未曾有《みぞう》の節にあたって、本書がいささかなりとも、お役にたつところがあれかしと願《ねご》うて筆を擱く。

昭和十五年九月二十八日

南窓に秋日の美しき日

丸　山　時　次

目次

今日一日

丸山時次

「人間が陽気に暮らすのを見て、神もともに楽しもう……」

人間造りし元の神、実の神様は、このような発意から人間をお生みになった。ゆえに、この世に生をうける者は、子々孫々にわたって栄えてゆくことに定められているのである。

これは親神様の思いであるから、これに違いはない。そうあるべきはずだ。しかし、現実は必ずしもそうではない。病《やまい》の床にある者、悩む者、富を得ても身をたおす者、子供に恵まれない者、夫婦和楽の世界を知らない者――いろいろに見せられる、いたましい、悩ましい姿には、これが陽気ぐらしをさせようとて造られた人間であろうかと、疑わずにはいられない。

なぜ災いなく栄えてゆかないのか。

なぜすくすくと伸びてゆかないのか。

一言にして言う。――この人々の考え方が親神様の思召《おぼしめし》に合っていないからである。この人々は自分のことばかりを考えている。どうすれば富を得られるか、どうすれば栄達できるかと、すべての考えが自己を一歩も出ない。こういう人たちばかりを栄えさせては、この世は暗黒である。

神の理は栄え、
人間心は滅ぶ。
この天理は実に明らかである。

神の理は栄える——この身を空《むな》しうして、世のため人のために捧《ささ》げきる生活、そこに繁栄と和楽の根底がある。
わが教祖《おやさま》は、この理を説きつくされた。身をもって説かれた宇宙の真理である。しかし私は、この真理を机上一片の断語として取り扱おうとは思わない。真理は、これを実証する文学あって初めて万人が頷《うなず》けるのである。ささやかな私の道を通して、私はこの実証を試みたいと思う。今日《きょう》一日——を生涯として勤めに生きるというのが、今日《こんにち》もなお変わらぬ私の念願である。布教生活十有余年、私はただこの一本道を歩んできた。布教師として、いかに申し分なくその勤めに生きるか。毎日毎日、私は真剣にこればかりを考え実行してきたつもりである。

勤めさえ十分に果たし得れば、後のことは思い煩《わずら》わないというのが私の主義である。

「己《おのれ》を空しうして勤めに生きよ。そこから何が生まれてくるか、身をもって体験してみよ」

と、私はかく申し上げて、さて本論に入ることとする。

捨　身

一

そして私は、また悩みの種を持って図書館を出た。

「人生、やっぱり金がすべてを解決するのかなア——経済理論のない人生は根拠のない人生かもしれない……」

いましがた読んだばかりの経済書のとりこになって、昨日《きのう》まで描いていた人生観を捨てているのである。昨日は、人生は闘争なりと断じ、今日《きょう》は、人生は金なりとする。東へ吹けば東に押され、西へ吹けば西に流される、根底のないその日その日であった。

人生の光明《こうみょう》何処《いずこ》にありや――この問題をめぐって、二十二歳の若い頭は理論の缶詰となり、謎《なぞ》の渦《うず》が巻いていた。分からなくなると本を読む。そうすると、それに共鳴してしまう。日が経《た》てば、またこれを疑い始めてさらに読む。またこれに共鳴する。どこまで行っても果てしのない悩みであった。

思想的の胸のうずきが、やがて肉体的の胸のうずきになった。私はついに、肋骨《ろっこつ》カリエスにかかったのである。しかも、それは心臓の真上の骨が腐る悪質なものであった。大学病院では、もう手遅れだと言われた。手術しても、場所が場所だけに、たしかなことは言えない。そして、手術するにしても、親が立ち会わなければやれないと言われた。

往《ゆ》きには歩いた私であったが、帰りはもうその気力を失っていた。生死の関頭《かんとう》に立っている身を抱えて車に乗らねばならなかった。

ここに至ると、人生は金でもなくなった。闘争でもなくなった。ただ「生きたい」、これだけであった。頼りに思っていた理論は何の力にもならなかった。むしろ、軽蔑《けいべつ》していた医薬が何よりも尊くなり、人生とは生きること、この一つに帰するとさえ思うようになった。

ともかくも、ふるさとへ電報を打った。

電報は、皆が楽しく夕餉《ゆうげ》の膳《ぜん》を囲んでいる中に飛び込んだ。一同、箸《はし》を捨てて驚いた、うろたえた。東京に出ている一家の長男が医者に見放されている。そして、田舎《いなか》では聞きもしない病名だ。これだけでも一同は不安におののいたのである。その中にただ一人、祖母であるさいのみが晴々《はればれ》としていた。

「時次は何べん私が言うて聞かしても分からない子や。今度は、私の言うことも聞くようになるだろう。何も心配は要《い》らないよ、神様がお導きになっているのだもの……」

こう言って、ニコニコしていた。

祖母は早くから信心に生きていた。故郷に帰るたびに、私も幾度となく、祖母の信心を聞かされたことがある。しかし、それは理論で固められた頭に入らなかった。むしろ、年寄りの慰《なぐさ》み信心が、この激しい社会で何の役に立つかと思い、てんで耳を貸そうともしなかった。この祖母がたった一人だけ、若い者のうろたえ騒ぐのを押し静めて悠然《ゆうぜん》としていたということを、間もなく上京してきた父に聞かされて、私は胸を衝《つ》かれる思いがした。

「ばあさんの信心は大したものじゃ」

と、父も感嘆する。

私は、祖母を見直さねばならなかった。祖母にとっては、私は目の中へ入れても痛くない可愛《かわい》い孫だ。祖母に愛された幼い日のことが、次から次へと浮かんできた。あの優しい、あの弱々しい、年老いたばあさんの、どこにそういう強い精神があったのか。父の言うように、信心の徳としか思われなかった。可愛い孫が、生死の境に立っていると聞いただけで、普通のばあさんなら、誰《だれ》よりも、もっとうろたえたことだろうに。まるっきり、その逆を行ったのである。

「ばあさんは、ともかくも、おまえを連れて帰れと言うておった」

父のこういう言葉の中から、私はぐんぐんとばあさんの魅力に引き寄せられていった。ばあさんが、たまらなく懐《なつ》かしくなって、また遠いふるさとの山河《さんか》が、やたらに恋しくなってきた。ばあさんに抱《いだ》かれたい。

この一心で、手術のことも薬のことも忘れて汽車に乗った。

二

東京から信州・塩尻《しおじり》まで、汽車の旅にかなり疲れていた私は、さらに信州から大和《やまと》まで汽車の旅を延ばすことにした。

案外、元気に帰ってきた私を見て、ばあさんはさも嬉《うれ》しそうに、今度こそは私の言うことを聞くのだよと、そして、

「本部へお詣《まい》りに行っておいで。お詣りに行ったら本当の信心が分かる」

と言った。どうせ、ばあさんに引きつけられて東京から戻った私だ。ここまで来たからには、徹底的にばあさんの言うことを聞いてやろうと思った。しかし、出発する時には念を押した。

「おばあさん、この病気は治りますか」

「きっと治るよ。何も言わないで行っておいで」

ばあさんは、お詣りに行けば必ず治ると信じている。奇跡というものが、そう簡単に現れるとはどうしても思えない。ばあさんの信心には感心するが、ここまで来れば迷信ではないかと、おかしくさえなってきた。

とはいうものの、ただ生きたいと思う私にとっては、医者からも見放されてしまっては、ばあさんの言うような奇跡を待つよりほかなかったのである。

内臓外科のこの病《やまい》は、外から見ると、それほどの重病人のようにない。事実、日に日に胸の痛みは加わり、左胸部の腫《は》れは大きくなっていったが、手足は意外に元気なのである。

汽車の中でも、私は絶えず胸の腫れ物に手を当てていた。これが、どうも気にかかって仕方なかった。本部へお詣りに行く、この決心と実行とで、あるいはもう奇跡が現れて腫れ物がなくなるのではないか、そんな神経質な、いらいらした気持ちで手を当ててみる。腫れ物は、やはりある。消えそうもない。

私は自分の弱さに噴き出したくなった。そうして、胸に描く本部の光景は、大和の田んぼの中に小さい家が並んで、参拝人といえば、うちのばあさんのような老人ばかりがヨロヨロしているのだろうと、こんなことでしかなかった。

さて、丹波市《たんばいち》に着いた。一歩を三島《みしま》の地に踏み入れた。

私はその光景に圧倒された。建物の大きさにではない。ここに溢《あふ》れる清らかな人、懐《なつ》かしい雰囲気にである。

ハッピを着た人々、打ち続く参拝者の群れ。

「オーイ、兄弟」

こう叫んで肩を叩《たた》きたいような衝動に駆られた。

人々の眼差《まなざ》し、人々の話し声、人々の態度、少しもよそよそしさはなかった。人という人が、すべて労《いたわ》り合っているのだ。人という人が、すべて自分を忘れているのだ。なんという明るい清らかなところであろう。私はたまらない感激に包まれていた。

詰所に着くと、皆が親切にしてくれる。もうまるで十年の知己《ちき》のようだ。風呂《ふろ》に入ると流してくれる。そうして向こうから、どうもありがとうございましたと、お礼を言われる。私は全く狐《きつね》につままれたようであった。

かと思うと、あなたは洋服でおいでなすったんですね、それじゃ不自由でしょうと、着物を貸してくれるし、下駄《げた》まで揃《そろ》えてくれる。ああ、かつて私の胸に描いた世界に、こういうところが果たしてあったろうか。

私は光明の人生を、ここに発見できた。

私の余生は半年か一年か分からない。しかし、この半年か一年を、この道の宣布《せんぷ》に思い残すところなく捧《ささ》げようと決心した。人間、命の捨て場所の発見は、まことに重大な問題である。私はこれを得た。心は澄みきって一点の曇《くも》りもない。ただ、感激に燃えるばかりである。そのうちに、奇跡が現れていないかと思って、胸に手を当ててみることも忘れてしまった。命の捨て場所の発見、この喜びに酔うて、泊まりを重ねて十二日滞在した。

三

とうとう奇跡は現れずに帰郷した。それでも、前よりはいくらか良くなっているかもしれないという、淡い期待をもって医者の診察を受けると、いよいよいけなかった。病《やまい》は前進しているばかりであった。

病は天理教でたすけてもらえなかったけれども、心はたすけられた。これは事実であった。しかし、天理教に命の捨て場所を発見し得た私にとっては、病のほうはどうでもよかったのである。命のある限り潔《いさぎよ》く捧《ささ》げきろう。こんな気持ちで、ばあさんの言うままに教会に入った。

教会には、たすかった人ばかりが集まっていた。その人々が、口を揃《そろ》えて「丸山さん、たすかりますよ」と言ってくれた。私を力づける心からであったのだろうが、私には別にありがたい言葉でもなかった。

それでも、家に帰ると、誰《だれ》もたすかりますよとは言ってくれない。ばあさん以外の者は、困った、困った、困ったと言って暗い顔をしている。私には、この空気が耐えられなかった。たとえ嘘《うそ》でもよい、たすかりますよと、光明《こうみょう》を見詰めて明るい顔をしている人たちばかりの教会のほうが住み良かった。思いきって、私は教会の住み込み人となった。

朝から晩まで、たすかったという人々の話を聞かされた。あるいは胃病を、あるいは肺病（肺結核）を、人々はさまざまの病のたすかりを語ってくれたが、私にはそれが信じられなかった。この人たちは、だまされた人たちであると思った。ちょっと風邪《かぜ》でもひいて咳《せき》が出るのを肺病と思い込み、それが心の拓《ひら》き方で良くなったのを、たすかったと信じているのだと思った。俺《おれ》の病気は、そんな病気幻影患者のつくったようなやさしいものではない。これは天理教でも所詮《しょせん》たすからないのだと、独《ひと》り慰《なぐさ》めていた。

毎日、何もすることがなかった。寝転んだり、雑談をしたり、その間には幾度となく「たすかりますよ」と聞かされていた。いつのうちにか、本部で得た感激を失っていた。時たま死を意識すると、やりどころのない淋《さび》しさに襲われ、いっそのこと手術しようかと思った。しかし、胃病や肺病とこと違って、今日《きょう》入院すれば明日《あす》の命が分からないのである。あるいは手術したために、半年ある命を二日に縮めてしまうかもしれないのである。そう思うと、なかなか手術の決心もつきかねた。

ある日、会長に問うた。

「皆はたすかると言いますが、本当にたすかるのでしょうか」

「きっとたすかる」

「どうすれば、たすかりますか」

「あんたは横着者《おうちゃくもの》だ。人より楽をして人よりうまい物を食べて、自分さえ良ければいいと思っていなさる」

「そんな、ばかなことが……」

「いやいや、心の底はそうですよ。ただ、あなたは利口者なので、口に出したり行いに表したりしないだけで、心の底は横着者なんだ。あんたは、それをごまかしているだけだ。そういう心が、神様のお心に適《かな》わない」

「それでは、どうすればいいのです」

「いままでの反対をすることだ。人の喜ぶことなら、どんなことでもする。これがひのきしんの生活で、徳を積む生活です。今日までのあなたは、徳を減らす生活をしてきた。今度は逆に、徳を積むようにする。そうして、差し引きができて、今日までの穴埋めができた時にたすかります」

「それはいつですか」

「差し引きのできた時です」

「いつになりましょう」

「差し引きのできた時です」

会長は、それ以上言わない。幾度尋ねても、差し引きのできた時ですと言うばかりである。

しかし、会長の言葉はよく理解できた。本部の感激が、また火をつけられて燃え上がってきた。よしここで、本部で見てきた通りやってみようと決心した。

翌日から、コマのように動いた。便所掃除、拭《ふ》き掃除、風呂《ふろ》焚《た》き、洗濯、何でも目につくことをどんどんやっていった。自分の今日の勤めは、ひのきしんだと信じていた。その勤めに全生命をぶち込んだ。夜も昼もなかった。病も死もなかった。くたくたになるまで、やり抜いた。「ひのきしん」という勤めにおいては誰にも負けないと思った。天にも地にも恥ずかしくないと確信した。ついに、「ひのきしんなら丸山を見よ」とまで言われ、わざわざ部内教会の青年が、私のひのきしんぶりを見学に来るようにさえなった。ここまで勤めきって、一つの未知の世界を発見した。

ただの一銭《せん》一厘《りん》にもならない仕事である。そして、誰もが嫌《いや》がる汚《きたな》い仕事である。自ら求めてゆけば、どこにも限りなく転がっている仕事である。この仕事に没入して、自ら心の勇んでくるのを覚えた。何言うともなく、嬉《うれ》しくてならない。人の顔を見るとニコニコしたくなる。頭を下げる。何を見ても聞いても喜びの種ばかりである。一日の業《わざ》を終えて神前に額《ぬか》ずくと、たまらない感激が込み上げてきて、涙がおのずから頬《ほお》を流れる。万金をもっても購《あがな》い得ない明るい心だ。いま私は、この気持ちを、ここに筆を運べない。ただ、汗の中からしか味わえないものであると思う。

本部での感激は、見た感激、聞いた感激であったが、いまや自ら行ってみて、無限の感涙に咽《むせ》ぶ境地に至った。前のは、人のものをひそかに盗んでいたのであったが、今度は自らつくって、自分のものとすることができたのである。

己《おのれ》を空《むな》しうして勤めきり、本部に詣《まい》った時は、ただありがたくてありがたくて、泣けて頭が上がらない。真《しん》から教祖《おやさま》に抱きかかえられている心地《ここち》である。あまり張りきった勤めもせず、ただ陽気に参拝した時には、この感激はない。もう涙が出そうなものだと思うが、いくら力んでみても、お祈りしてみても、一滴の涙も出ない。私は、涙を強《し》いて言うのではない、その勤めぶりを言うのである。

四

こうして感激に燃えたけれども、奇跡はやはり現れなかった。腫《は》れ物はいよいよ大きくなり、破れて膿《うみ》が出るようになってきた。ここまで勤めても、まだ差し引きができないと思うと淋《さび》しくなる。命の終わる日が、差引勘定《さしひきかんじょう》のつく時期を待ってくれぬらしい。

時はあたかも晩春。夕べホロホロと散り急ぐ桜を見ると、わが旦夕《たんせき》に迫る命を思い、これで今生《こんじょう》の桜の見納めかと、多恨《たこん》の涙を誘われることもあった。

とかくして――私は部内の事情教会へ行くことになった。教会は立ち退《の》きを命じられていたので、どうしても新築せなければならなかったが、さて相談すると、信徒はほとんど寄りつかなくなった。ようやく、私を合わせて四人きりである。

三人でも四人でもよい、やれるところまでやろう。こういう決心で始めた建築――。

材木は、そこは田舎《いなか》のことで寄付してもらい、信徒には木曳《きび》きや地盛《じも》りのひのきしんをしてもらう程度で、あとは私たち四人で四方駆け巡って働いた。そうすると、上級教会の信徒の大工さんが手伝いに来てくれるようになり、製材屋は、金はあとでよいからと言うてくれ、夏から始めた建築が、十二月の初めごろには一応のけりがついた。

もとより建て流しである。屋根はトタン、畳がなくて粗板《あらいた》の上に荒むしろ。障子がなくて、窓には天竺木綿《てんじくもめん》の薄汚《うすぎたな》いのを張り巡らすというありさま。信州の十二月は、早くも極寒《ごっかん》である。シンシンと冷えこんで風の洩《も》れる寒さはお話にならない。薄い布団にくるまって、その中に震えていた。

やがて十二月の暮れ、大節季《おおぜっき》が来た。観念して、玄関に荒むしろを敷いて座りこみ、来る人、来る人に蝗《いなご》のように頭を下げた。しかし、これでよいのだろうかと考えた。あの人たちは、その日暮らしをしている。どうしてこの正月を迎えるのだろうと思うと、謝《あやま》っているだけでは申し訳なかった。

私は丹念に幾枚もの証文を書いた。これを持っていって、もう一度お詫《わ》びをするつもりであった。そして、一生かかっても、この借金は払い済ませる決心をした。さて、出掛けようとするところへ、力になってくれた三人の信徒の一人がやって来た。私の決心を聞くと、その爺《じい》さんはホロホロと涙をこぼして、

「あなたは、この教会と特別の関係があるわけでもないのに、よくまあ、その気になりなさった。それでは、この教会にたすけられた私が黙って

いられん。よろしい、要《い》るだけの金を借りてきてあげよう」と言って、間もなく、いくらかの金を届けてくれた。その金で支払いに回った時の快さ——我世《われ》に勝てりと、誇らかに笑えた。

その夜、風呂《ふろ》に入った時、ふと胸のことが気になって手をやってみた。ない、あの腫れ物が消えている。いつの間にか消えている。建築に着手してからは、ただ忙しくて手を当ててみるのを忘れていたから、いつから小さくなったのか見当がつかない。しかし、実際ないのだ。

「差引勘定、できた。俺《おれ》はいくらか徳が積めたんだ」

たった一人、風呂の中で突拍子《とっぴょうし》もなく叫んだ。

「たすかりますよ」と言うてくれた人々の言葉は本当であった。

「きっと治るとも」と断言してはばからなかった、ばあさんの言葉も本当であった。

「差引勘定のついた時が治る時だ」と、時まで明言した会長の言葉も本当であった。

それにもまして、天に間違いのないことを私は知った。

己《おのれ》を空《むな》しうして、勤めに没入せよ。

書けば一行にすぎない。しかし私は、これこそ信心の神髄であると信ずる。

病は必ず治る――言い換えれば、病に克《か》つ心は、たしかにお道の信心から得られると確信を持てた。しかし、まだもう一つ、自信のない世界がある。それは経済の問題である。

教祖《おやさま》の伝道には経済的な準備が無一物であった。むしろ、あるものを困った人々に施《ほどこ》して、貧のドン底から、この道を説かれたのである。これは誰《だれ》しも承知している。私もまた、教祖伝読みの一人として承知している。それだけであって、私はまだ身をもってこの体験をしたことがない。

これが私には、たまらない淋しさであった。教祖の残された道は真理でなければならぬ。人はこれを真理と説く。私には頷《うなず》けない。よし、自分自身がやってみよう。

東京布教は、こうして思い立った。

友人たちは盛んな壮行会を開いてくれた。信州名物の鯉汁《こいじる》をすすり合い、盃《さかずき》を交わして大言壮語《たいげんそうご》した。出発の日は、また旗を翻《ひるがえ》して七十人からの青年が塩尻駅に見送ってくれた。私は一同に、

「これから布教する者は、俺の布教を見て手本にしろ」

と、誰はばかることなく宣言した。

汽車が動きだす。皆は、

「丸山時次君、万歳！」

と叫んだ。

生涯に忘れ難《がた》い興奮の一瞬である。この布教ならずんば、死すとも帰らず。若い私の血は、全身を駆け巡っていた。

冷　厳

一

東京に着いた時は、懐中《かいちゅう》になお若干《いくらか》の小銭が残っていた。もとより一戸を構えられる力もなく、落ちつくところは、貧民窟《ひんみんくつ》の長屋の二階であった。

塩尻《しおじり》駅の強い印象が、まだ胸に明らかである。さあ、いよいよ布教が始まるのだぞと、自分自身に言い聞かせて、狭い二階の窓から大東京の空を睨《にら》む。意気はなかなか盛んであるけれども、さて、一歩戸外《おもて》に出てみると、どうしてもにをいを掛ける気になれない。黙々と歩くだけである。これでは、豆腐売りが黙って車を曳《ひ》いているのと同じで、商売にならないではないかと、自分をあざけり笑ってみる。しかし、勇気が出てこない。やっぱり、ふところに金のあるうちは駄目《だめ》かなアと思ったりする。

とかくして布教にならない布教に日を送った。そして、来《きた》るべき日が来た。一銭《せん》なし。食うにもののない、その日その日が続いた。ひもじさが寒さとともに身にしみる、骨にしみる。

夜になると思った。

(布教するなら丸山時次を手本にしろとは、大それたことを言ったものだ。それが二カ月かそこいらで、この態《ざま》だ。こんなことで、東京布教発《ほっ》願《がん》の希望が達せられるかしら)

北風に雨戸が鳴る。腹はひもじい。考えると、たまらない淋《さび》しさである。

(誰《だれ》か、丸山君どうしている、東京布教もなかなかの骨折りだろうと慰《なぐさ》めてくれて、為替《かわせ》でも送ってくれそうなものだが……)

と、こんな弱い気持ちにもなる。こうなると、いけない。踏ん張る力、立ち上がる力を失《な》くしているのだから、如何《いかん》ともなし難《がた》い。

心も寒く身も寒く、一月は暮れた。そして、二月のとある朝のこと。ひそかに待っていた手紙が来た。上級教会からである。「なむ、為替」と心を躍《おど》らして封を切る。何も出てこない。がっかりして、手紙を読んだ。

文意はこうである。

——正月早々、役員が続いて二人出直した。そのため、正月の大祭はとても淋しかった。いつもなら、新年の祝いを兼ねて四、五百人も集まり、賑《にぎ》やかに勤めるのに、今年はさっぱり人が集まらなかった。お酒がわずか五升《しょう》しか要《い》らなかったことを考えても、この大祭が、どんなに淋しいものであったか、おまえも察しがつくだろう――。

落莫《らくばく》とした教会の様子が身近に感じられる思いがした。会長や住み込み人の力を落とした淋しい顔が浮かんできた。行き詰まった重苦しい空気が、ひしひしと感じられた。私もいつしか涙ぐんでいた。

会長がわざわざ言ってよこしたその親心、東京に勇ましく出発していった私を頼りにしているその親心の切なさに、胸が詰まったのである。

それまで横に寝ていたような心が、シャンと起き直った。ある人は、私のことを悲劇に生きる男だと評した。それが、当たる当たらぬは別として、こういう土壇場《どたんば》に行き当たると、歯を食いしばってでも行かねばやまぬ私である。この時もそうだ。

（今日こそ上級教会は俺《おれ》が背負ってゆく時である）

と思うと、勇気百倍した。寒さもひもじさも、どこかへ行った。

（これから一月《ひとつき》めちゃめちゃに勤めて、三月の月次祭には、どんなことがあっても参拝するんだ）

この目標に向かって、全身が熱く燃えた。

翌日から午前七時出勤、午後七時帰宅、十二時間勤務と決めた。朝は五時に起きる。水を九杯かぶる。それから表通りの道を掃《は》く。下の家主の台所を手伝ってやる。そうしていると七時になる。それから凛然《りんぜん》と出掛けるのである。

「印」のついている人には誰彼《だれかれ》の区別なく、にをいを掛けた。包帯をしている人、青い顔をしている人、杖《つえ》をついている人、みんな印のついている人々である。

ある時、足の悪い人を見つけた。一生懸命に、にをいを掛けた。

「こんな足ぐらい、きっと治ります」

「この足はね、何神様でも駄目《だめ》なんだよ」

「天理教ならきっと……」

「駄目ったら駄目だ」

さっさと向こうへ行こうとするので追いすがると、

「もういい加減にしろ。これは義足なんだぜ」

と、行ってしまったこともあった。

またある時。立ち話で、とやかく言っても効果はない。それよりも、いきなり拝むことだと思って、病人が来ると、道の上に座り込んでおさづけを取り次いだ。終えてみると、病人はいない。もう遠く向こうへ行ってしまって、まわりには私を見物する人たちが立っていた。

朝の七時から夜の七時まで、この調子であった。にをいの掛かる、掛からぬは私にとって意味のないことであった。私は布教師であるがゆえに、にをいがけが勤めである。勤めに真剣であれば、勤めただけの与えは天が下さるのだと信じていた。だから誰一人、にをいが掛からなくても、一向に苦にならなかった。かえって、勤めに生きている――真剣に生きている明るさと感激とがあった。

一銭のお与えを頂いた。プーンと焼き芋《いも》のうまい匂《にお》いがするので、その店に入った。

「芋を下さい」

大きな男が――汚れていても破れていても、ともかくも羽織袴《はおりはかま》の男が買いに来たのである。親爺《おやじ》さんは、大人相手の商売と見込んで十銭分ぐらい包もうとする。あわてて「いや一銭ですよ」と言うと、私の風体《ふうてい》をよく見直して、小さい切れ端を二つくれた。

私は、それを押し頂いた。芋もありがたかったが、それにもまして、勤めに生きている者には神様が飢《う》えささぬようにしてくださる、そのお慈悲がたまらなくありがたかったのである。たとえ一切れの芋であってもいい、これにこもる神の恵みが限りなくもったいないのである。勤めきっている時は、このありがたさ、もったいなさが、骨にしみて味わえるのである。

世にこれ以上の幸福はないと思う。山海の珍味を並べてもらっても、喉《のど》を通らない人を果たして幸福と言えようか。芋の切れ端などは眼中になく捨ててしまう人に、真から満ち足りた感謝の生活が味わえているだろうか。一碗《わん》の水を捨てきれない、一枚の菜の葉も捨て得ないで、しかもそれを、おいしく頂ける者が無上の幸福者でなくてなんであろう。一杯の水、一片のパンがおいしく喉を通ってゆく時、教祖《おやさま》の御教《みおし》えが身にしみわたった。

「わしらは結構や、水を飲めば水の味がする……」と仰せられた教祖。

「丸山時次もまた、その結構な者の一人でございます」と、お礼を言わずにはおれなかった。

二

毎日、感謝と感激。これだけである。

されば、私の布教には方向がなかった。潰河《かいが》のように、勢いにまかせて誰彼《だれかれ》なく当たっておった。この無軌道の布教に、一つの方向を示してくれた人があった。それは友人でも知己《ちき》でもない、行きずりの一紳士である。

ある日のこと、いつものように布教師としての勤めを果たす――こういう気持ちで大学の構内を歩いていると、手に包帯をした人を見つけた。にをいを掛けると、静かに聞いてくれた。そして、私の言葉の終わるのを待って、

「君は天理教ですね。宗教とはね、暗いところを照らす光ですよ。私は

幸い境遇に恵まれている。医者に診《み》てもらうこともできるし、書物を読んで心を慰《なぐさ》めることもできる。しかしね、何をしたいと思っても、それができない人が、この社会の闇《やみ》の中にたくさんいるはずです。君はまだ、われわれに、とらわれている時ではないでしょう。もっと早く、たすけてやらねばならぬ者があるでしょう」

と言う。

私はこの言葉に頭を下げた。そして、この日から谷底布教を決心した。方向が決まると、なんだか眼界が開けたような感じがして、勇み立った。来る日も来る日も、貧民窟《ひんみんくつ》を歩いた。しかし、まだ一人として、にをいが掛からない。布教以来、三月《みつき》になろうというのに、まだ正式におさづけを取り次いだことがない。勤めさえ果たしておればという心休めはあっても、また何か心淋《さび》しさを覚えずにいられなかった。

雪の降る日であった。午前七時の出勤時間が来ると、
(今日《きょう》ぐらいは休んでもいいだろう。お天気の良い日でも、にをいは掛からないじゃないか。こんな雪の降る日に、外を歩いているような病人が一人だってあるものか。まあ今日は休んでも構わないと思うな)

こう思えるのである。じっと外を見ていると、いかにもそんな気になってくる。ままよ、今日はお暇をもらえ、と座り込もうとすると、
(そうじゃない。休んでおまえの勤めが果たせるか。おまえが承知しても、神が承知しないよ。にをいは掛からなくとも、外へ出るのがおまえの勤めだ。さあ往《ゆ》け。こういう日は、常の日よりも元気よく往け。勤めさえ果たしておれば、何が降ろうともおまえには晴天も同様だ。さあ往け、勇ましく往け)

こう思った。私は蹶然《けつぜん》と立ち上がって、相も変わらぬ勤めに出た。誰も歩いている者はなかった。もちろん、にをいを掛けるような人に会わ

なかった。人に印がついていないので、家に印がついていないかと思った。一軒一軒見て歩いた。貧乏長屋はそこは便利で、表からでも内が見える。

と、ある家を見る。老いさらばえた老人が、一人ぽつねんと行火《あんか》に凭《もた》れて頭を抱えている。明らかに印のついている人だ。私は、つかつかと家の中に入っていった。「神様にお願いさしていただきます」と言って、おさづけを取り次いだ。老人は何を言う間もない。もとより、立ってきて追い払う元気はない。呆然《ぼうぜん》と、私のなすがままを見ている。

「ありがとうございました」

おさづけが済むと、声高らかに、心からお礼を申し上げた。本当に嬉《うれ》しかった。布教に出て以来、初めてのおさづけである。私にとっては、天にも昇るような喜びであった。雪の中を歩きながら「ありがとうございました」と、幾度となく繰り返してつぶやいていた。

その夜は寝ずに十二時になるのを待った。「子《ね》の刻になると、苦しうてな」と言った老人の言葉が耳についている。雪の真夜中、水を九杯かぶった。そうして老人の家に出掛けた。私はその門口に座ってお願いをした。宿に帰ってくると、もう三時に近い。五時まで二時間足らず寝たきりであったが、十時間も眠ったような気がした。老人の家へ行けるようになって、急に忙《せわ》しくなった。何もしないと暇でしょうがないので、二度も三度も水をかぶる、夜中のお願いもする。

この老人が、やがてご守護を頂いて、私の手元から第一番の別科生となった。

それから間もなく、また一人、にをいが掛かった。今度は道のまん中で掛かったのであるから、正真正味である。

約束の日に、名刺の所番地を頼りに訪問した。この人も老人だが、親切に二階に招じて、恐縮するほど丁寧《ていねい》にもてなしてくれる。私のカリエスを救われた話を熱心に聞いてくれた。そうして、角目角目《かどめ》には頷《うなず》いてくれた。それから老人の物語が始まった。

「……妻が去年亡くなりまして、あなたと会った日がその命日でした。妻と別れ、子供もなく、この年寄りが一人ぽっちの淋しい日を送っています。いまもなお亡き妻の義歯《いれば》を肌身はなさず持っていますが、あなたと会ったのは全く亡き妻の導きだと思っています。——あれから帰りまして、着物を脱ぐと、あなたから貰《もら》った名刺が落ちた。よく見ると、あなたは信州の人だ。妻も信州でした。私は何かしら、あなたに親しみを感じてきました。妻が私のような人間を一人おいておくのが気になって、あなたと会わしてくれたのだと思っています。

丸山さん、大いにやりますよ。どうせ信心するなら、徹底的にやりますよ。救世軍《きゅうせいぐん》の山室軍平《やまむろぐんぺい》、キリスト教の海老名弾正《えびなだんじょう》、そして天理教の大《おお》友利一《ともりいち》と謳《うた》われるくらいにやりますよ。しかし丸山さん、まず神様をはっきり見たいと思いますが、どうすればよいでしょうね」

　この人は、年はとっても自ら国士をもって任ずる気概を持っていた。若い私が、それに負けていられない。陽気ぐらしをさせてやろうとお定めいただいているこの世に生きながら、妻も失い子もなく、たった一人で滅んでゆかねばならんような心のほこりを、力いっぱいに説いた。そうして、神様のお心が悟れて、あなたが今度こそ人生の基址《きし》に立った時、神様が見える。きっと三日のうちに見えますよ、と言った。

　それから三日目に行った。

「先生、見えました」

と言って、いそいそしている。

「どう見えました」

「はっきり見えました。たくさん、お小用が出ました。この通り、腫《は》れが引きました」

二人は手を握って感涙に咽《むせ》んだ。

この人が、やがてまた第二の別科生となった。

三

そのうちに三月になった。上級教会の月次祭は十日である。その十日には、どんなことがあっても参拝しなければならないのである。沈静したこの教会へ、東京からどっさりと心の糧《かて》を持って帰らねばならないのである。日が迫るとともに、私の勤めはいよいよ激しくなった。

三月八日、私は自転車を恵まれて東京を出発した。しかし、お供えが一銭《せん》もない。たった一枚の二重まわしを売り払って三円だけできた。

東京から信州・塩尻《しおじり》まで、大きな峠を三つ越えゆく七十里(約二八〇キロ）の道のりである。無我夢中で自転車のペダルを踏む。今夜はどこで泊まろうかと考えてもみない。命懸けのとき、衣食住のことは、てんで念頭に浮かばないものだ。

夜の八時ごろに、碓氷《うすい》峠の麓《ふもと》まで来た。雪は二尺（約六〇センチ）近くも積もっていた。山道が真っ白く、夜目にも見える。もうこれから、五里の峠を登るのは無理だ。無理だとは思うが、さて泊まるところがない。時間といい、場所といい、もうこのあたりに、神様が宿をこしらえておいてくださっているはず。そう信じているが、さて見つからない。田の中に藁塚《わらづか》がある。ここが宿かなア、と思って行ってみると、雪が深くてどうしようもない。家の軒端《のきば》がある。ここが宿かなア、と思うたりする。

しかし、信州の三月は、まだまだ酷寒《こっかん》である。夜になれば零下一〇度二〇度と下がる。二重まわしを売り払ってしまって、着の身着のままの私には、この寒さはとても耐えきれなかった。

ままよ、往《ゆ》けるところまで往こう――だが、ここを去れば五里先まで人家は一軒もないのだぞと思う。村の端に来てしまった。いよいよ宿は見当たらない。

（なに、凍《こご》え死ぬものなら凍え死ね！）

こう決心して、ものの少し歩んだ時、「天理教××宣教所《せんきょうしょ》」という看板が目の中に飛び込んできた。

（ありがたい、ここだ）

訪《と》うと、一人のばあさんが出てきた。私の姿を見て、

「お気の毒ですが、お泊めできません」

と言う。

「私は天理教の布教師です。これから塩尻の上級に行くのですが、ここで日が暮れまして……」

「ここへは皆そう言って見えるのです。お泊めしていては切りがありませんので」

と言う。

その様子から見ると、なかなか泊めてくれそうもない。

「それでは神様を拝ませていただきます」

「さあ、どうぞ」

これは断るわけにはゆかぬ。神前に額《ぬか》ずいた。我慢《がまん》と高慢の強い私の根性をさんげした。ここも神様のお決めくだされた宿でないとすると、もう往くよりほかに道はない。出掛けようとすると、火鉢《ひばち》の前に座っていた所長が呼びとめた。

久しぶりで、道の輩《とも》の声を聞くのだ。私は何とも言いようのない親しみを覚えた。暖かい火もありがたいことではあったが、人に飢《う》えていたことを、この時、ようやく知った。

「東京から歩いてですか」

「いいえ自転車です」

「ご苦労ですなあ」

話の緒《いとぐち》がつき始めると、私はおしゃべりになった。私が語る、所長もまた語る。私の布教生活を真《しん》に理解してくれる、この人もまた、この宣教所設置までには苦労の多い日を通ったのだ。その物語を聞いた。そして、たとえ小さくとも、一つの宣教所をつくり上げるまでの並々ならぬことを、自分が通ってみる今日の体験の中から頷《うなず》けた。

長い夜を語り更《ふ》かした。そのうちに、この宣教所はやっぱり、最初思うた通り、神様のお決めくだされた宿となった。

翌朝五時に出発した。塩尻まで最後の一日である。夜はどんなに遅くなっても、教会の門をくぐる決心でペダルを踏んだ。飲まず食わず、ぶっ通し二十時間、午前二時に教会の門をくぐった。教会はまだ明々《あかあか》と灯《ひ》を点《つ》けていた。皆が寄り集まって待っててくれていた。「もう着くだろう、もう着くだろう——今度の汽車か、次の汽車か」と、夕方から汽車の到着ごとに気を揉《も》んでいた。ついに終列車の時間も過ぎた。いったいどうしたのだろうと、一同、私の安否を気遣《きづか》っていた。そこへ、私が自転車を押してやって来た。

「おお、帰ってきた！」

一同の温かい目が私に集まる。言葉が出ない。黙然《もくねん》と頭を下げた。井戸端に出て水をかぶった。九杯かぶった。そして、神前に座した。感激に涙がとめどなく流れた。そのうちに声をあげて泣いてしまった。感激に胸が詰まる。声も詰まる。

礼拝を終えて会長のほうへ向き直った。一同、会長の後ろに粛然《しゅくぜん》と居並んでいた。

「会長さん」

と言ったきり、言葉が続かなかった。ただオイオイと泣くばかりであった。会長も泣いた。皆も泣いた。泣いて心と心とが通った。厳冬の未明を泣いて明かした。

引き締まった気分で月次祭が行われた。その後で演壇に立った。東京の土産《みやげ》を、今ここに出さねばならないのである。が、言葉が出ない。しばらく、黙然として皆を見て立っていた。一分、二分、しかし何も言えない。たまらなくなって、

「皆さん」

と叫んだきり、あとは泣いてしまった。三十分間、私は泣いたまま演壇に立ち、そのまま引き下がった。東京の土産、丸山君は何かわれわれの魂の糧《かて》を持って帰ってくれるだろうと皆が期待したその土産は、たった涙だけであった。しかし、この感涙は何よりも尊い土産となった。私が東京からはるばる自転車でやって来た、この一事が皆に勇ましく立ち上

がる転機を与えた。

「東京から自転車で来ることを思えば、近い所を楽してお詣《まい》りしては、もったいない」

こう言って、みんな歩いて参拝するようになった。汽車賃、車賃は節約した。

節から芽を出す――二月《ふたつき》ばかり静まり返っていた教会に、溌剌《はつらつ》たる信心の力が湧《わ》き起こった。実行第一、これを合言葉として、教師も信徒も動きだした。

この世に親の家ほど居心地《いごこち》の良いところはない。私はいつまでも、会長の顔を見ていたかった。また、蘇《よみがえ》った教会が活発に動くその様も見ていたかった。

しかし、東京には二人の信徒が待っている。自転車も返さねばならぬ。会長には、「もう自転車を借りられるようになっておりますから、どうか安心してください」と、こう言って出発した。そして神様に、今回の月次祭参拝を第一回として、今後は必ず帰らせていただきますとお誓いした。帰るたびに、刺激の強い土産を持って帰るのだと思った。一月《ひとつき》先の今日、再びこの道を踏んで走るのだと思うと、それまでに何か素晴らしいことをやり上げずにはおかぬぞと、明るい希望に燃え立った。

四

にをいは次第に掛かるようになった。したがって、勤めは日増しに忙しくなった。

そのうちに、下の家主の主人が失業した。家賃は溜《た》まる一方である。ようやく、私の間代をあてにして、米の一升《しょう》買いをする。上も上なら下も下だ。神様は面白《おもしろ》い組み合わせをしてくださると思った。下の夫婦は食わずに過ごす日の多い布教師をあてに生活している。上の布教師は、食うものも食わずに下を食わしてやらねばならぬ。いまや主客転倒の形である。

ある晩、主人を二階へ招じ上げた。

「どうして失業したんです？」

「不景気で店が儲《もう》からないからですよ」

「そんなこと言ったら、この世の人は全部失業しなければならない。あなたはそう思うだけで、実際は、あなたの心が失業しなければならんような心なんですよ」

「さあ、そうでしょうか」

「そうですとも。あなたは釣りが好きでしょう」

「よく、ご存じですね」

「博奕《ばくち》が好きでしょう」

今度は返事をせずにニヤニヤ笑っている。

「あなたは、そういう横着者《おうちゃくもの》だ。なるべく楽をして、なるべくたくさん給料を貰《もら》いたい。いつもこう考えているでしょう。こういう心が天理に沿わない。だから失業する。この世をお造りになった神様は、この地上で、人間が陽気ぐらしができるように定められている。そうお定めくださっている神様が、人間に食われぬようなことをなさるわけがないでしょう」

「それでは、どうすればよろしい？」

「いままでの反対をするのですね。なるべく苦労して、一銭《せん》も報酬《ほうしゅう》を貰わないのですよ。私が仕事を探してあげよう。世の中に、失業などという言葉のあるのが間違っている。ただで仕事をする気なら、失業などありようはずはない――」

「そんなことで食うてゆけるでしょうか」

「食うてゆけるかゆけないか、ともかくやってごらんなさい」

翌朝から、主人は私と一緒に五時起きである。「仕事のある時でも、こんなに早く起きたことがないのに」と、主人は笑った。二人は箒《ほうき》を持って共同便所の掃除に出かけた。

「こんなことをするのですか」

主人は、いかにただの仕事とは言い条《じょう》、あまりだと言わんばかりの顔である。

「あなたは、ともかく就職すればいいのでしょう。いまのあなたには、こういう仕事がちょうど似合いなんですよ。一生懸命におやりなさい」

私の言うことがいくらか理解できたようである。朝は共同便所へ、夜はおつとめの稽古《けいこ》。どうにか、信心の軌道に乗ってきた。すると、新聞紙の職工募集の広告が目についた。応募してみると、月給二十五円である。ともかくも、就職できたのだから、主人の喜びは大したものである。

その会社は三月《みつき》で潰《つぶ》れ、主人は再び失業した。

「先生、やっぱり不景気なんですね」

「そうじゃない。あなたに、月収無一文《むいちもん》から、二十五円三カ月まで徳ができたんだ。いまはまだ、それだけしか徳がないのだ。もうひと踏ん張りだ」

こう言って励ました。主人は勤めに真剣になってきた。布教以外のことは、何でも私と行動するようになった。

五

にをいは掛かる、おたすけは上がる。しかし、私の生活は少しも変わらない。羽織《はおり》は袖口《そでぐち》が切れるし、袴《はかま》は雑巾《ぞうきん》のようになる。下駄《げた》はちびて板のようだし、鼻緒《はなお》をつけていては持たないので、針金の緒をつけてはくという姿。それでも、おたすけが忙しいので、前のように十二時間勤務などと、七時に宿へ帰れない。夜は毎日のように一時になる、二時になる。宿でゆっくり寝る時間はない。立ち歩きながら眠ることも、この時代に覚えた。ある時は、おや冷たいぞと思うと、溝にはまって水が首のあたりまで来ていたこともあるし、私はこれからどこへ行くんだったかなアと、夢を見ながら歩くこともあった。無我夢中とは、全くこういうことを言うのであろう。起きているのだか寝ているのだか分からない。食うことも忘れ、着ることも忘れ、日々に神のお恵みに感激しながら、ただ勤め抜くのである。

下のおかみさんが、しみじみと言った。

「丸山さん、あなたはいつまでこんなことをしているのですか」

「死ぬまで」

「酔狂《すいきょう》ですわね」

おかみさんは笑っていたが、いつの間にか洗濯をしてくれるようになり、私の身体《からだ》を心配しだした。

実際、私も自分の体力に驚いていた。長い時は三週間、一物も食わなかったこともある。水だけである。それでいて、水行《みずぎょう》をする、自転車に乗る。月に一度は信州へ帰るのだから、神様がついていてくださるとしか考えられないのである。

その夜も二時ごろに帰ったであろうか、神様にお願いしていると、おかみさんが静かに上がってきた。

「先生……」

初めの声は知らなかった。

「先生！」

大きな声に驚いた。

「何です」

「まあ良かった、生きていて良かったわ」

　おかみさんは本当に驚いて、そこに棒のように立っていた。

「冗談じゃありませんよ」

「だって、手の音がしたきり、いつまで経《た》っても物音一つしないでしょう……先生、死んじゃったのかと心配しましたわ」

　おかみさんの顔にも真実、私を思うてくれる気持ちが溢《あふ》れていた。初めのうちは見向きもしなかった人が、ここまでになってくれたかと思うと、またありがたかった。

「死んじゃったのかと心配しましたわ」というおかみさんの言葉。側《はた》から見ると、そう思えるのが当たり前であったろう。痩《や》せて、黒くなって、目ばかりが光って、ヨレヨレの着物を着ている人間。たった一つ、精神力で持ちこたえている人間。どんなはずみに死んでしまうかもしれないのである。

しかし、着物でおたすけをするのではない、着物でお話を聞いてもらうのではない。そんなことは問題じゃない。真実に人をたすける気があるかどうか。これが、いまも変わらぬ私の信条である。

下の主人も変わった。いそいそと勤めていた。と、ある日のこと。最初、主人が勤めていた店の主《あるじ》が訪ねてきた。そして、

「君、近ごろ天理教になったそうじゃないか」

と言う。

何をしに来たのかと不審がっていると、

「少しは真面目《まじめ》になったかね、また一つ使ってやろうと思ってやって来た」

と、わざわざ手土産《てみやげ》を出してまでの話である。探しても求めても無い職が、向こうから飛び込んできたのである。

神様の御業《みわざ》には少しも間違いはない、その通りだと、いまさらのよう

に感嘆した。そして私は、真空の生活の力強さをしみじみと知った。

ポンプで水を汲《く》む、水が上がってくる。ポンプの真空に水が吸い上げられるのである。人の生活が本当に無私であったならば、真空であったならば、人の心も、これに吸い寄せられるのだと思った。

主人が就職すると、「家賃はもう要《い》りません、お食事も私たちと一緒にしてください」と言うてきた。布教師の宿は、こうして所を得た。上京して四月目《よつき》のことであった。

布教所ができると、不思議に住み込み人が与えられた。居候《いそうろう》の布教師が、なお居候を置くのである。それが二人になり、三人になり、間もなく六畳の部屋はいっぱいになってしまった。こうなると、さすがに下のおかみさんも快い顔をしなくなる。なんとか転機を求めなければならぬ時が来たらしい。

「家を借りよ。もう借りてもよい」

　こういう時が来ていると、神様がお知らせくださっていると悟った。しかし、まだ心の準備が整わない。さりとて、相談相手のない私は、教務支庁に参拝した。すると、そこに柏木庫治《かしわぎくらじ》先生がおられた。

「やあ、丸山君」

　晴々《はればれ》とした柏木先生の顔と声。今日の相談相手は、この先生だと決めた。

「丸山君、君はまだ二階借りかね。神様を、人の借家のそのまた借家にお祀《まつ》りする法はないさ。早く一軒借りたまえ――」

　やっぱり神様のお導きだ。私の言おうとすることを、柏木先生が言うてくだされた。

「実はそれなんです。いよいよ借りようと思うんです」

「幾《いく》らぐらいの家にするのかね」

「十円ぐらいのつもりです」

「そりゃ駄目《だめ》だ、丸山君。よく言っておくよ。十円の家賃は払えないかもしれないが、三十円の家賃なら払えるよ」

まるで禅問答のようである。「分かりました」と言って支庁を出たが、さっぱり分からない。

「十円なら払えないかもしれないが、三十円なら払えるぞ」

幾度も繰り返して味わううちに、これだなアと思う急所が、ほのぼのと悟れた。

思い立つと、もう一刻もじっとしておれない私である。その日のうちに、向島《むこうじま》に二十八円の家を見つけて引っ越してしまった。

神様のお住まいはできた。住み込み人は次第に増した。どうやら、本式のたすけ道場の姿を整えてきたようだ。信州へのお土産も、毎月、目新しいものを持って帰れた。

天　理

一

世の人々の悩みの原《もと》を考えてみると、身に現れてくるいんねんから逃《のが》れようとするところにある。現れてくるもの、見えてくるもの、聞こえてくるもの、これすべて天意の発現である。神が造ったこの世に、神の恵みにただ生きている人間が、神の贈り物から逃れようとするのは、あまりにも神を無視したことだ。人間、どこへ逃げたって、この地上を去ることはできない。どこに隠れても、神の護《まも》りから逃げ出すことはできない。行くところが、天地の間であれば、神の目から消えてしまえるわけがない。

現れてくるものから逃げられないとなれば、そこに示されている天意を悟り、そういう目に遭《あ》わねばならぬ、そういうものを見聞きしなければならぬ、いんねんを切らねばならぬ。そのいんねんを切れ、切ってやろうとの神の慈愛を受けねばならぬ。

いんねんを切る道、それは、天意に逆《さか》ろうた勝手な通り方をさんげして、その反対に善《よ》いことをするのである。勝手な通り方をしていたときに、一番嫌《いや》であったことに挺身《ていしん》するのである。いんねんを切る道は、これをおいてほかにはない。

ある座談の席で、「天理を一口で説明すると、どういうことだろう」という話題が出た。

私は、

「どんなことでも楽しみばかりということです」
と答えた。

彼女の初婚の夫は、結婚後間もなく失明した。彼女はその夫に愛想をつかして、泣いて袖《そで》に縋《すが》りつくのを振りきって逃げ出した。

二度目の結婚は成功した。子供が生まれないので、夫婦共稼ぎをして、小金持ちになった。やれやれと思うと、主人が肺病になった。栄養の多い、うまい物を食うて、一年二年と経《た》つうちに、汗と膏《あぶら》で貯《た》めた金を全部、肺の黴菌《ばいきん》に食い潰《つぶ》されてしまった。しかも主人は、脱疽《だっそ》病まで併発して死んでしまった。彼女に残されたものは、脱疽病をうつされた老母だけであった。

これではたまらない。再び逃げ出そうとしている時に、お道の話を聞いて、初めていんねんを悟った。

それからの彼女は、誠を捧《ささ》げて、この老母に孝養を尽くした。珍しいものがあれば、遠近を問わずに背負うて歩いた。七年の間、一日として変わることなく、至れり尽くせりの孝行をした。誰《だれ》一人として感心せぬ者はなく、「村の節婦」と謳《うた》われた。

そのころ私は、このばあさんの脱疽病のおたすけに運んだ。至って頑《がん》丈《じょう》な身体《からだ》のばあさんであった。これを背負うて歩くのは、大抵の苦労ではなかろうと思われた。ところがばあさんは、一言も嫁を褒《ほ》めない。口を極めて悪口《あっこう》を言うのである。私は不審に思った。そして「嫁さんの孝養は本真実のものではないぞ」と直感した。

この世をお造りになって、万物の生成発展を望ませ給《たま》う神様は、不必要なものを存在さされない。現実に存在するからには、それ、神様には必要なのだ。そのことを通してたすけてやりたい、教えてやりたいものがあればこその天意を思わねばならぬ。

この意味から、私は彼女に、ばあさんの必要なる所以《ゆえん》を説いた。

「年をとって、しかも脱疽で、この世の中の役に立たぬように見えるかもしれない。しかし、このばあさんは、あなたには絶対必要なんだ。あなたは一生懸命に孝行しておられる。けれども本心は、五年も六年も、こんなことではやりきれぬ、もういい加減に往生《おうじょう》してくれても……と思ってはいないか。

このばあさんは、あなたの生を培《つちか》う恩人だ。この人が一年生きれば、あなたの寿命は一年延びるのだ。尊い生の恩人を厄介者《やっかいもの》にしては、それこそ罰《ばち》当たりだ。神様は、あなたの心をつくってやりたいのだ。あなたが本当に己《おのれ》を空《むな》しうして、このばあさんに一切を捧げる心のできるまで、このばあさんは必要なんだ」

彼女は泣いた。そして、心の中では老母をうるさく思っていたことを、さんげした。

その日から、ばあさんの態度が一変した。

隣近所の人には「うちの嫁が、嫁が」と言うて褒めたたえるし、彼女には「いつまでもおまえに苦労をかけてすまない」と、真《しん》から優しい老母になった。

彼女は初めて親のありがたさを知った。たとえ身体は動かなくても、どうか、いついつまでも生きていてほしいと願った。

それから幾《いく》らもなく、老母は「みかぐらうた」を唱えつつ、天寿を全うした。

彼女の評判はいよいよ高くなった。ある人が、その伝記を書いて出版した。それがまた、村の学校の教育資料となり、昭和御大典には長野県から「三節婦」の一人として表彰された。

いんねんの自覚が信心の根底である。いんねんの自覚が信心の力である。いんねんを自覚して、一切の現れをありがたく受けて通る時、そこに真の楽しみの世界が展《ひら》けてくるのである。

二

やがてまた、私は第二の死病に襲われた。「理實《りのみ》宣教所」という名称をお許しいただいて、本部から東京に戻ってくると、首がおそろしく腫《は》れてきて、三九度、四〇度の高熱が出た。

病気はこうである。

——歯茎《はぐき》の肉が下から腐《くさ》り、その病毒が下顎《したあご》に回っている。そして、肉が黴菌《ばいきん》に蝕《むしば》まれて、あたかも蜂《はち》の巣のように空洞ばかりとなり、腐った肉が膿《うみ》となって、下顎から咽喉《のど》にかけて溜《た》まる——というものであった。

ペリカンという鳥がいる。あの鳥は、くちばしの下に大きな袋をつけている。ちょうど、その格好である。ドンドン腫れる一方で、仰向《あおむ》くことも、俯《うつむ》くことも、横を向くこともできなくなった。

泥棒よりも何よりも、世に恐ろしいものは反省のない人間である。静かに考える時を与えられて、わが身を省みた時、私もまたその恐ろしい人間の一人であることに気づいた。

（神様の御業《みわざ》には寸分の違いもない。神がなさる通りだ。無理もない無理もない。私は、これで当たり前なのだ）

真《しん》から、こう思えた。

カリエスをたすけられて十年になる。この十年のうち、前半は無我夢中の道すがらであった。しかし後半の五年は、とても前半には及ばない。教会の形が整い、信徒が増えるにしたがって、私の気位《きぐらい》も上がる一方でしかなかった。

（カリエスをたすけられたあの感激を持ち続けたのは、ほんの一時だった。あの時は、ただありがたくてありがたくて、感恩の日を送っていたのだが……）

思えば浅ましい人間である。やっぱり、喉元《のどもと》過ぎれば熱さを忘れるのである。今日の自分の精神に、果たして十年前のような純真な感恩、報恩による、何ものに向かっても驀進《ばくしん》する迫力があるだろうか。

また、あの当時のような、清々《すがすが》しいひのきしん精神があるだろうか。反省を深めれば深めるほど、現在の自分が空恐《そらおそ》ろしくなるばかりであった。

（宣教所長ともなれば、百人の頭《かしら》である。お道では、百人の頭になる者は百人の下に心を置け、といわれる。果たして私の心は、下だろうか上だろうか）

どう考えてみても、百人の下らしい心は見いだせなかった。

（知らぬ間に心が高くなっていた。神様は、それが承知ならぬと仰せなのだ。神様は、やっぱり間違いない。これでいいんだ、これでいいんだ）

そう思うと、この病気が次第にありがたくなってきた。この病気の治らない間に、俺《おれ》は百人の下に心を落としきるのだと決心した。

ある日、信徒に集まってもらった。人々を上座に、私は下座に、そうして声を絞って、お詫《わ》びをした。

「皆さん、今日《きょう》まで申し訳ありませんでした。先生、先生と言われてまいりましたが、この私は少しも先生らしい、親らしい心を使ってはおりませんでした。神様は、この間違いをお知らせくださったのだと信じます。これを転機に、私は、本当に親らしい心を使わせていただこうと存じます。今日までは、なんとも申し訳ありませんでした、どうか、お許しください」

いつの間にか、ホロホロと涙がこぼれていた。皆は、ハーと泣いてしまった。

　お詫びができた。胸がせいせいした。しかし、病は日に日に重い。三九度から四〇度と、高熱は引かない。お詫びができたら、すぐにも神様がおたすけくださるとは思えなかった。この時は、早くたすかりたいと焦《あせ》る気持ちはさらになかった。首の腫れが大きくなるにつれて、心は勇み立った。決して痩《や》せ我慢《がまん》ではなかった。

「一つも間違いない。心通りだ」——このことが、ただありがたかったのである。私は、たすかって神様の姿を観《み》たのではなかった。病んでまざまざと、天理の然《しか》らしむるところを知ったのである。

　どんなに苦しくても、朝夕のおつとめを欠かさなかった。這《ほ》うて神前に座った。皆が何と言って止めても、これだけは承知できなかった。あたかも、妻は妊娠中であった。妊娠中に夫が大病するといけない、といわれる。妻は所詮《しょせん》、たすからないと思ったのであろう、幾度か私の膝《ひざ》に泣き崩れた。

腫れて食道を圧迫しているのであるから、いずれ食物も通らなくなると思った。腫れは風船玉のように大きくなる。喉も胸も苦しい。しかし、いつまでも流動物だけは通った。それがまた、とてもおいしかった。

そのうちに、上級教会の春の大祭になった。第一回の自転車参拝以来、一度も欠かしたことのない上級のお祭り。身上のために行けないとは、なんとしても残念でたまらぬ。私は押して行こうとする。皆は承知しない。

「それでは命がないですよ」

「死んでも結構」

「そんな強情を張らずに、死ぬ覚悟なら、思いきって手術をしなさい」

「もったいない、もったいない。そう早く潰《つぶ》してしまっては、私の反省ができない」

と言って、上級教会へ向かった。

三

上級教会でも、誰《だれ》もが「切開しては」と言うてくれる。皆の私を思うてくださる親切は身にしみてありがたいけれども、今度という今度は、なんとしてもその気になれぬ。「丸山、しっかり心を入れ替えろ」と神様がお慈悲をもって教えてくださっているものを、不自然に潰すのは、もったいなくてならなかった。

「心ができるまで腫《は》れているでしょう。確かな見定めがつくまで、神様は御《おん》手をゆるめられないでしょう」

こう言って、毎日毎日、行火《あんか》に凭《もた》れて、静かに心を練った。ただ、これだけが仕事であった。一つほこりに気がつくと、それをお詫《わ》びした。

また、ほこりを発見すると、これをお詫びする。洗われてゆくわが心が、まるで目の前に見えるようであった。

私には、これが嬉《うれ》しかった。こんなにまでわが心を見つめ、わが魂の掃除に徹底することは初めての経験であり、自分で分かるほど、日に日に心が低くなってゆく様を見るのも初めてのことであった。嬉しくて嬉しくてたまらない。心のほこりを払うという、この難しい業《わざ》を、私は居ながらにしてさせてもらえるのである。これを喜ばずして、何を喜ぼうぞ。

私があまり楽しそうにしているので、教会の人たちも、ついに「丸山さん、気が違ったんじゃないでしょうか」と言うていた。

感謝と感激の日が二日三日と過ぎた。そして、三日目の午後であった。それまでは、死んでも結構と意を決していたのであったが、ふと、この心に動揺が来た。家のことを考えたのである。

（私は長男である。父も母も、妹も弟もいる。この人たちより早く、私は死ねない。それでは長男としての責任が果たせない）

東京のことも、また気にかかってならない。教会のこと、信徒のこと、そして生まれ出ようとする子供のこと――自分の周囲を見ると、私がいなければならない人々ばかりである。この大勢の人々をおいて死ねない、いまは死ねないと、無性に生きたくなってきた。生きたいと思っても、命は旦夕《たんせき》に迫っている。いまさら、この迷妄《めいもう》は遅かった。さりながら、いったん起き上がってきた生への執着心は、なかなか静まらない。

（ここまでお詫びをしてきたのではないか、ここまで魂を美しくしてきたのではないか。思い煩《わずら》うな。神様がきっと、たすけてくださる。神様がたすけてくださる時は、首のちょうどいい所に、ちょうどいい程度の穴をあけてくださるだろう。心配するな、たすかる。ここまで来たものを、なぜ神が捨て給《たま》うものか）

これだけの結論を得るのに、二、三時間もかかったであろうか。

心が静まると、また一つの悟りが開けてきた。

(俺《おれ》一人が思うほど、大事な人間じゃないさ。俺が死んだって、俺が思うているほど皆は困らないさ。困ると思うのは高慢だ。これが最も大きなほこりだ。これが俺にとって、最も高い心なんだ。今日まで、小さいほこりは随分《ずいぶん》払ってきた。この大きい、肝心のほこりが残っていたんだ。こいつめ、最後に現れてきたんだな。これも神様だ。よし、この心を払おう。——思うてもみよ。俺が死んだって、東京の教会は潰れないさ。神様が護《まも》ってくださるに違いない。丸山時次という人間は、この大宇宙と比べたとき、大海の粟粒《あわつぶ》よりもまだ小さい。俺が、俺がという、その心を捨てよ。神様の御命《ぎょめい》のままに往《ゆ》け)

ここに至って、本当に、真《しん》からいつ死んでも結構と思えた。気がつくと、あたりはすでに暮色《ぼしょく》に包まれていた。

神様に凭れるという。神様にお任せするという。だが、これはなかなか難しいことである。私は生死の関頭《かんとう》に立って、やっとこれができた。それまでは、夜になるとつらかった。眠れないのである。それが、少しも苦痛にならない。

（眠れなければ眠れないでもいい。眠らないでおこう。そのほうが神様のお心に沿うのだ。強《し》いて眠ろうと苦しむよりも、そうだ、せめて「みかぐらうた」でも上げて、神様のお心を慰《なぐさ》め奉《たてまつ》り、丸山時次の今生《こんじょう》を飾ろう）

静かな夜、私は苦しい息の下から歌い始めた。実にいい気持ちであった。あるいは、この声は死の前奏曲のような哀調を帯びていたかもしれない。あるいはまた、一切を投げ出した人間の安らかさ、神々《こうごう》しさそのままの荘重さを帯びていたかもしれない。どちらにしても、生死の境に立った人間が歌うのである。この歌声を聞いて、やがて、隣室の人々の忍び泣く声が聞こえてきた。

歌い終わると、眠くなってきた。どれほど眠ったか知らない。ふと、目を覚ますと、首が破れて膿《うみ》が流れていた。私の叫び声に、会長の奥さんが洗面器を持って駆け込んできた。

その穴は、実にちょうどよい所にあいていた。頸動脈《けいどうみゃく》と喉《のど》との中間に、縦に一寸（約三センチ）ほど切れているのである。神様の御業《みわざ》に、私は、ただ感じ入るばかりであった。

夫　婦

一

子は飢《う》えに泣き、妻は夫の不甲斐《ふがい》なさを託《かこ》つ。

単独布教者は皆、一度はこういう日を通ってきた。私にも、そういう経験が一度ならず二度三度とある。朝づとめの拍子木を打ちながら、子供の泣き声と妻のなだめる言葉を耳にすると、心は人間の世界に飛んで、お歌の回数を忘れてしまうこともあった。

ばかな、いけないと歯を食いしばる。胸をしめ上げる。そして「ここだ、ここで倒れたら、道を聞かぬ人と変わりがない。ここを通り抜けるところに布教生活の味がある」と、自分に言い聞かすのである。

「窮《きゅう》すれば通ず」と言うが、その通じ方に、人間思案の通じ方と、信心に徹底する通じ方とがある。人間的な通じ方をして一時を凌《しの》ぐから、いつまで経《た》っても、九分《ぶ》九厘《りん》というところまで来ていながら、あとの一厘を突破できないのではあるまいか。

人の偉さはそう違うものではない。ただ、もういけない、もうたまらぬというところを、人間並みに行くか信心に徹底して行くかによって、大きな差ができるのである。

彼は小男である。例にもれず、負けず嫌いである。その妻は大女である。力も強いが気も強い。二人の仲は、いつも乱れがちである。強い者同士の角《つの》突き合いが絶え間なかった。

夫婦が治まらないと子供の出来が悪い。これは、あらためて言うまでもない真理である。この夫婦も総領《そうりょう》の子供を失った。それを動機にして、主人のほうが信心に入った。これまでの心得違いをさんげして、主人のほうから妻に合わせようと努めていた。だから、この家庭は、まるで逆であったのである。妻のほうから言えば、まことにありがたい主人である。ところが、この妻には、なお解けやらぬ不満があった。それは、主人の信心である。天理教が嫌《いや》でならなかったのだ。

こうして三度目のお産のときであった。産後が悪くて、医薬の効も空《むな》しく、ついに妻は息を引き取った。

彼は途方に暮れた。二番目の子供は、まだやっと三つ。それに生まれたばかりの赤ん坊である。この幼い二人を抱えて、男一人でどうしてやってゆけよう。悲嘆にかき乱れる中に、だが彼は一つの光明《こうみょう》を認めた。端然《たんぜん》と座り直して瞑目《めいもく》、合掌《がっしょう》した。

(神様、無理なことを申します。ですが、どうかお聞き届けくださいませ。神様、もしもおいでになりますならば——いや、神様はきっとおいでになると信じます。どうか私に、神様のお姿を見せてください。妻はただいま、息を引き取りました。この妻を、どうぞもう一度生かしてください。これから私ども夫婦は立派にならせていただきます。そして、道のよふぼくとなって、たすけ一条に進ませていただきます。今日《きょう》限り、商売はやめます——。

今の今まで、分からない女房だ、ばかな女房だ、こんな女を妻として、自分は一生の不作をしたと思っていました。しかし、どんなばかでも、分からず屋でも、子供にとっては母は母です。かけがえのない、たった一人の母親です。私は今日まで、これを妻として不足に思うてまいりましたが、ただいま限り、子供の母親として見直します。可愛《かわい》い子供の母親です。どうか、もう一度おたすけくださいませ——)

声涙《せいるい》ともに下る懸命の願いであった。それから、おさづけを取り次いだ。

この時、妻は美しい花野《はなの》を歩いていた。それは果てしない野である。前も後ろも、右も左も満目《まんもく》、花の咲き乱れる野原である。トボトボと歩いていると、後ろから鈴を振るような美しい声が、かすかに聞こえてきた。声の主は知れない。ただ花野の彼方《かなた》から飄々《ひょうひょう》と、おさづけを取り次ぐ声だけが流れてくる。その声が次第次第に近くなってくる。声はいよいよ近い。耳元でその声がする——と思った瞬間、息を吹き返した。

妻の身体《からだ》が回復すると、彼は親子四人して、田舎《いなか》の寒々しい村へ布教に出た。

にをいがけに歩いた。降っても照っても、休みなしに歩いた。妻も丈夫、子供も達者、その姿を見ていると、あの時の神様のご恩は忘れようとして忘れられるものではなかった。彼は毎日毎日感謝して、その報恩の精神一つで布教した。熱心さは誰《だれ》にも負けない、信心の深さも誰に劣るわけでもない。しかし、どうしたことか、一人も信徒ができないのは我慢《がまん》できても、ただの一人もにをいさえ掛からないのである。そうして三年、四年が経ち、八年の歳月が流れた。

信徒はできなかったが、子供はよく授かった。布教に出てから、ほとんど年子続きに七人も生まれた。合わせて九人の子持ちとなった。食わぬ日の多い布教の宿、しかも田舎のことである。とても産婆《さんば》を呼ぶことはできなかった。産婆の役は、いつも彼が務めた。それで結構こと足りた。己《おのれ》を空《むな》しうして勤めている者のうえには、神様の御手《みて》は常に差し伸べられるのである。まして、夫婦が息を合わせて、どんな不自由の中をも耐え忍び、人だすけに勤めているのに、どうして神様が難儀をさされよう。いつも、男の手一つで十分こと足りるような安産ばかりであった。

　何人目かの子供が生まれる時のこと。

　ある日、朝からどうも生まれそうな気配がした。腹が痛むので便所に行くと、羊水が下がってしまった。妻女はいささか、うろたえた。今までの安産と比べて、この時は大分《だいぶ》様子が違っていた。

「あなた、今日はどうしても生まれますから家にいてください」

　こういう切羽《せっぱ》詰まった妻の言葉であるにもかかわらず、彼は承知しなかった。

「もう少し延ばしてもらえ。俺《おれ》はどうしても行かねばならん病人がある。神様にお願いして延ばしてもらえ。なーに、俺が帰ってくるまでは、きっと大丈夫だ」

と妻を励まして、案じ顔一つせずに出ていった。

　お産は、その帰りを待てなかった。やがて陣痛が来た。何を準備する暇もない。間に合う子供たちは学校へ行って留守、残っているのは遊び盛りの小さい者ばかり。なんとも仕方ないので、布団の上に横になった。

何という不思議、何という大きな神様のお恵みであろう。子供は安々と生まれたばかりか、敷いた布団さえ汚さなかったのである。それから一人でお湯を沸かし、一人で産湯《うぶゆ》を使わした。

この話を聞いたとき、私は、全く神様のなされることには間違いがないと感嘆した。

ある年、私はこの友人を訪ねた。家とは名のみ、見るに忍びない豚小屋そのまま。その中に、子供たちが九人、ごろごろしているのである。

「よく、やっているなア」

この光景を見ただけで、何を聞かなくとも、彼の不屈の信心が窺《うかが》えたし、彼の努力も察しられた。私は大勢の子供たちを見て言った。

「君、信徒ができないと言うけれども、直轄《ちょっかつ》の信徒がもう九人も揃《そろ》っているじゃないか。この子らはすべて、将来の直轄宣教所長《せんきょうしょちょう》じゃないか。この信徒こそ、素晴らしい宝だ。みんな、元気だなア」

彼は笑って頭を掻《か》いていた。

そのうちに食事時になった。いったい何を食べているのだろうと思っていると、

「丸山さん、こんなものも一つ食べてみてください」

と、黒い団子に味噌《みそ》を塗りつけたものを出してくれた。材料は何かと聞くと、牛の糧《かて》にする「ふすま」と呼ぶものに、稗《ひえ》を混ぜて団子にしたものだと言う。

見ると、大勢の子供たちは、さもおいしそうに食べている。私も口にしたが、どうも喉《のど》を通らない。やっと嚥《の》み下している間に、子供たちは「ごちそうさま」と言って合掌している。

その様を見ているうちに、私はたまらなくなった。親も親、子も子で

ある。不自由な生活の中に勇みきっている。なんと美しい姿であろう。夫婦だけが、一切を空しうして捧《ささ》げているのではない。子もまた、親の歩む通りを歩んでいるのだ。親子一体の感激の布教道中だ。私は思わず涙を流した。

しばらくすると、遊びに出ていた子供が帰ってきた。そして、一番上の姉に、

「姉《ねえ》ちゃん、何か頂戴《ちょうだい》」

と言うている。

「さあ、これ」

と、姉は沢庵《たくあん》の切れっ端を一つ与えた。その子は嬉々《きき》として外へ飛んでいった。

貧しさといえば、これ以下の貧しさはないであろう。だが、子供たちは皆すくすくと伸び育ち、少しも暗い陰はなく、ひがみも持っていない。

私はただ、親の勤めきっている徳を思うよりほかなかった。

「君は子供たちに、いい徳を残しているな。子供たちには、これが何よりの素晴らしい財産だ」

こう言うて私は泣いた。彼を励ます言葉なのか、自分に言い聞かせる言葉なのか分からなくなった。

この子供たちは揃って学校の成績が良かった。しかも体格が良くて、栄養は甲《こう》（第一位）だ。発育盛りの子供の食べ物としては、栄養価値的に見れば、まるっきり零《ゼロ》である。ただただ、親の捧げきった生活の徳が、何を食べても素晴らしい栄養に変えていたのであろう。

近ごろになって、南京米《なんきんまい》（東南アジアや中国などから輸入していた米の俗称）を食うからお乳が出ないと言う人がある。徳のある人であったら、何を頂いても、そのような心配はないはずである。この母親は、南京米よりも貧しいものを食べていた。それでも、乳は溢《あふ》れるほど出た。

しかも子供たちは、みんな丈夫に育った。

これを見、彼を見た時、親の精神一つが子供の生命であることはよく頷《うなず》ける。

さて、外面から見れば空《むな》しき布教十年、その間、倦《う》まず撓《たゆ》まず勤めているうちに、教祖《おやさま》五十年祭が来た。彼の努力がようやく報いられて、村長以下、主だった者が十六名、本部に詣《もう》でた。詰所は破《わ》れんばかりの混雑である。寝る場所がなく、ついには廊下にまでも枕《まくら》を並べるありさまであった。彼に引率された十六名は、この盛観《せいかん》に感到《かんとう》した。どんな所に寝かされようと、どんな所で食事をさされようと、誰一人として不足を言わない。かえって、見るもの聞くものに信心の美しさを讃《たた》えた。

村に帰ると、一同は彼の布教所にも参拝に来た。見て驚いた。軒《のき》は傾き、畳は破れ、戸障子《としょうじ》はいびつ。そして狭い座敷に、足の踏み場もないくらいに、子供たちが薄い布団にくるまって寝ているのである。

一同は、いよいよ感動した。ここまで己《おのれ》を忘れて人だすけに奔命《ほんめい》しているこの人にこそ、村の教化を託《たく》すべきだとした。それから十六名が運動して、村中が寄り合《お》うて教会を建てた。

思えば、全く血涙《けつるい》の十年である。苦節の十年である。彼はその十年を、最後の日まで頑張り抜いた。

九人の子を持ち。

十年間、ろくろくに信者はできず。

考えれば、何の楽しみあっての布教だったかと思われるくらいである。子供があっては布教できないと言う人に、彼は厳《げん》とした反証を示している。にをいが掛からないから布教を中止すると言う人にも、彼は、そうでないと実例を引っ提《さ》げて立っている。

私は、近く教会を持つ彼を心から祝福するが、それよりも、真に祝福してやりたいのは、その九人の子供たちである。

学校の成績も良く、元気に育ってきたこの子供たちは、揃いも揃って親孝行者である。

「お父さんがお道を通るならば、私たちはどんな苦労もする」と、年上の子供たちは口を揃えて言うている。

この子供たちは親の苦労を、遊び盛り伸び盛りの少年時代に具《つぶさ》になめてきたのである。そしてなお、道の生活に憧《あこが》れているのである。たとえ彼が今日、立派に教会を持っても、子供が皆、道に逆らってゆけば、どんなに淋《さび》しいことであろうか。彼は子供に恵まれた。いや、子供は親の伏せ込んだ徳に恵まれた。親子揃って道を楽しみつつ、ご奉公できる彼ら一家こそ、神の寵児《ちょうじ》でなくて何であろう。

私はしみじみと、親として子供に残してやりたいものは「徳」であると思う。子供のために、教会や信徒を残しておいてやろうとは少しも思わない。いわんや、金や物を残してやろうという気もなく、残し得る私でもない。ただ、私が子供に残せるものは、伏せ込んだ親の真実の徳、こればかりである。

こういう布教師は彼一人ではない、布教の第一線に立つ者は等しく、このような精神に生きている。これが、お道の力である。

二

夫婦のことが家庭問題、社会問題の根本である。夫婦仲の睦《むつ》まじい家には、悪い子は生まれない。夫婦仲睦まじい家には、経済問題の悩みはない。たかが夫婦喧嘩《げんか》ぐらい、天下国家の大事にかかわらぬと思うては大きな誤りである。夫婦喧嘩一つが、思想と経済の悩ましい問題の源《もと》となるのである。

人を説得することはできても、なかなか妻一人を思うように動かせない人もある。夫一人を真《しん》に理解し得ない人もある。

理解のない夫婦ぐらい味気ないものはない。これほど、みじめなものはない。しかし世の中には、気の毒な夫婦が多いのだ。私たちもやはり、この部類の夫婦であった。

妻は、亡くなられた大教会長が選んでくださった。どうしても貰《もら》わなければならないことになっても、一つ嫌《いや》なところがあって、容易に心が定まらなかった。ついに切羽《せっぱ》詰まって、こう思いを開いた。（俺《おれ》はいいんねんが良くない。好きな者を貰っていては、所詮《しょせん》このいんねんは切れないのだ。半分ぐらい気にいらない程度なら、目をつむって貰おう）

結局、気にいらないところを、私が目をつむるつもりで結婚した。私がこんな気持ちでいるから、妻もまた、「わたしだって結婚してあげた」と考えている。両方とも、奉仕の精神を発揮して結婚した。その精神で一切を解決すれば、夫婦円満に行きそうなものであるが、実際そうは行かなかった。

妻に行き届かないところがある。口に出して言おうとするのを抑え込む。まあまあ我慢《がまん》しておこうとする。平常の小さい問題は、これで治まっているけれども、これが溜《た》まりに溜まって、いよいよ大詰めになると、我慢では治まりがつかなくなった。

二人が治まらない生活は、実に不愉快だ。これでは子供が病むぞと思いながらも、いがみ合った心は、なんとしても和《なご》やかにならない。そうすると、ますます妻の欠点が目につきだす。

（やっぱり初めに思うた通り、この結婚は失敗だった。と言って、子供までできた今となっては、もう取り返しがつかぬ。ああ困ったことだ。なんとか、もう少し理解のある女になってくれないものかなア）

また思う。

（身も心も捧《ささ》げてくれる、この世にたった一人の女房ではないか。私にとっては、最も手近にいる人間ではないか。この人間一人を、自分の思う通りに動かし得ないで、どうして多くの信徒を育ててゆけるか。もう少し、しっかりしろ）

こう自分自身を励ましてはみるものの、困ったことだ、という気持ちは抜けない。真から勇みきれない。だから、おたすけに出ても、どうにもならなかった。おたすけに行って病人に話をしている時は、もちろん「困ったこと」は忘れている。やっぱり、真剣になっている。それでも、こういう時のおさづけは、何の効能も見せてもらえなかった。

打ち沈んで教会に戻ると、案の定、子供が熱を出していた。「神様は間違いない」と妙に感心して、子供の様子を見に行くと、意外に高熱だ。「お父さんが悪かったよ。すまない、堪忍《かんにん》してくれ」

こう言って、さて、妻にさんげしようと思って向き直ると、妻はふくれている。その顔を見ると、さんげどころではない。またしても、癇癪《かんしゃく》玉《だま》が爆発してしまった。「何だ、その顔は。子供が可哀相《かわいそう》と思わないのか」と怒鳴《どな》りつけて、私はいたたまれなくなり神前へ走った。神様にお詫《わ》びをした。そして、

（妻も妻だろうが、私も私だ。妻に足りぬところがあれば、こちらから足してやる大きな心になれ。俺は夫だ、父だ。夫らしく、父らしく、そうだ、今日《きょう》まで積もり積もった一切をさんげしよう）

という気持ちになった。

子供の部屋に行ってみると、高熱に苦しんでいる。「可哀相に、俺の精神一つなんだ」と思って妻を見ると、やっぱりふくれている。その顔を見ると、私からさんげしてかかる気持ちにはどうしてもなれない。子供の顔を見ると、さんげしようと思い、妻の顔を見ると、腹が立つ。二度目も、「もう少し満足な顔をしろ。何だ、そのふくれ方は」と言って、

また神前へ走った。

いよいよ今度こそと決心して三度《みたび》、子供の部屋に行った。妻は依然として、ふくれ返っていた。

（なんで、そのようにふくれなければならんのだ。俺たち夫婦が擦《す》れ合っているから、子供が苦しんでいるのではないか。ああ、分からない奴《やつ》だ）

腹の立つのを両手に握りしめて、さんげをやめて、

「ちょっと、ここへ来い」

と言ってしまった。

向き合ってみると、「分からない奴だ」と思うばかりで何も言えない。そのまま黙然《もくねん》と二十分ぐらい睨《にら》み合っていた。そのうちに、おかしくなって噴き出してしまった。「睨みごっこ」という子供の遊びではないが、笑ったほうが負けである。この喧嘩は私の負けだ。気の強い妻の前に、

私はあっさりと白旗を上げた。そうすると、気持ちが軽くなって、ようやく言葉が出た。

「おまえはエライ、実にエライ。俺はとうとう負けた。亭主に勝ったおまえはエライ。おまえは〝金の鍋〟だ。それほど立派な女だ。だけど、金の鍋でも穴のあいた鍋だ。おまえは俺に勝った。それだからといって、あの奥さんは主人になかなか睨みのきく奥さんだと、世間で褒《ほ》めてくれるかどうか考えてみろよ。おまえがいくら素直で、喧嘩をすればいつも俺に負けておっても、意気地《いくじ》のない奥さんだと悪口を言う人はあるまい。——おまえ、亭主に勝って、気持ちいいかね」

いつの間にか、妻のふくれ面は消えていた。

「よく分かりました」

と言った。

「実は、今日は俺がさんげするつもりだった。いくらさんげしようと思っても、あの顔を見ると、なんとしてもできなかったんだ」と笑った。二人して神様の前で、お詫びをした。子供の熱は、それから嘘《うそ》のように下がった。

私たち夫婦の息がぴったりと合わない原因は信心の相違にあった。どこの教会を見ても、理の伸びている教会は、夫人の信心が徹底している。反対に、もう一つと思える教会は、会長がいくら前進していても、夫人が後ろから引き戻してしまうのである。

妻は、反対したり引き戻したりはしなかったけれども、私の信心と並行して歩めなかった。無理もなかった。妻は、私の単独布教時代を知らない。どうにか教会の姿が整ってから来たのであるから、妻と私との間には十歩も二十歩もの差があった。殊《こと》に、妻を苦しめたのは経済問題であった。

子供は次から次に生まれたけれども、子供のためにといって一銭《せん》の貯金もしていない。月末の支払いのためにといって準備をしない。私の歩み方が、常に「今日一日」に徹底していたのを、妻は不安でならなかったのだ。

ある日、妻の留守に机の引き出しを整理していると、実家の父に出そうと思って書いた手紙が入っていた。

「……山の中の炭焼き小屋のおかみさんより、もっともっとみじめな生活をしています。五十銭の小遣《こづか》いを貰《もら》おうと思うと、一月《ひとつき》も前から言っておかないと頂けません。これでは、子供たちが大きくなったらどうするのでしょう。満足な教育一つさすこともできなかろうと思います。いまさら、別れる気持ちはありませんけれども、このままではゆけません……」

この手紙は、父に金の無心をするつもりのものであった。教会の経済生活は不安に堪《た》えぬ。そこで妻は、産院を開業しようと思って、その資金に二千円ばかり融通してもらおうとしたのである。

出そうと思って書いた手紙を出さないで、しまい込んであるところを見ると、心が変わったのであろう。捨てないで保存してあるところを見ると、またいずれは出すつもりであるとも考えられた。

それはどちらでもよい。私は、妻の心情は無理もないとだけ思えた。

妻は、一日として晴天を仰ぐような日に恵まれなかった。それが、子供の増えてゆくにつれて深刻にさえなっていった。この心の詰まりが、私との不和の種であり、ひいては子供の身上の根であったが、同時にまた、妻自身の患いの元でもあった。実際、妻はよく病んだ。結婚以来五年間は、寝ている日のほうが多いくらいであった。

妻は病床に伏し、子は飢《う》えに泣くという淋《さび》しさ、みじめさを、腸《はらわた》にしみ入るほど味わった日もあった。

三

妻の病は募り募って、とうとう昭和十年の暮れに最後の土壇場《どたんば》に来た。容体が、いつもとは違っていた。結婚生活に入るまでは看護婦をしていたので、病気に対する一応の手当てを心得ていたけれども、今度は、この程度の手当てでは及ばぬ重体となった。あたかも、妊娠七カ月である。十日以上も食が通らず、高熱に苦しんだ。医者は、もういけない、ここまで来ては手の施しようがない、と言った。

その夜、信徒の家の結婚式に臨んだ。新郎新婦の晴々《はればれ》しい姿を見ていると、たまらなくなった。

帰ってくると、妻は苦しみの最中であった。新しく人生を踏み出す新夫婦と、いま妻を失おうとしている自分。言いようのない淋しさである。

妙にしんとして、妻の顔をのぞき込んだ。

泣いていた。そばには二人の子供が、スヤスヤと眠っていた。

「わたしは、もういけません。あとはよろしく頼みます」

細々《ほそぼそ》とした涙声であった。

「ウーム」

私は返す言葉がなかった。私の癖《くせ》で、腕を拱《こまぬ》いて瞑想《めいそう》にふけった。

信州の友人の姿が浮かんできた。彼は妻を失った時、妻を返してくれと願わずに、可愛《かわい》い子供の母をもう一度生かしてくださいと願った。いま、死線をさまよう妻を目の前にして、私はこの言葉の力にうたれた。母という立場は絶対である。私にとっては妻であるが、子供にとっては母だ。子供を安心して任せられるのは、この母親一人きりである。何も知らないで眠っている子供の姿――私もまた、彼のように、この母を死なせてはいけないと思った。

やがて瞑想は、追憶《ついおく》の世界に入っていく。

結婚以来、心から妻を労《いたわ》ったことなどなかった。何か不平を言うと、「俺《おれ》の往《ゆ》くままに黙ってついてこい」と叱《しか》るばかりであった。「何も知らないのだ、無理はない」と思っていても、手を引いて導いてやることがなかった。

私は常に不在がちであった。留守中は、やはり妻が責任者の代行をしなければならなかった。小さい問題は、住み込みの役員で片づいても、事が面倒になると、妻がその裁《さば》きをせねばならなかった。面倒といえば、教会には間断《かんだん》なく面倒が湧《わ》いていた。

「人間再生場」。これが、わが教会の建前《たてまえ》であった。だから、住み込み人といっても、病人ばかりである。心を病んだ者もいる、足腰の立たぬ者もいる、ならず者もいる。しかもこれに、大抵は幼い子供が付随している。誰彼《だれかれ》が逃げたと言っては、警察と連絡を取らねばならぬ。ならず者の喧嘩《けんか》の尻《しり》を拭《ぬぐ》わねばならぬ。全く、留守番も容易なことではなかっただろう。

その留守居の気苦労を察してはいても、私は平気で世の中の厄介者《やっかいもの》を引き入れる。そうして、来る者は拒《こば》まず、去る者は追わずと嘯《うそぶ》いて、恬《てん》としているのだ。妻は、たまったものではなかった。

これほど苦労をかけた妻に、私は優しい夫であったろうか。妻には、冷酷な夫の記憶しか残っていないかもしれない。

ある日のことであった。その日も、妻のふくれ面を見ていられなくて飛び出したのであったが、考えてみると、淋しくてならなかった。その日の喧嘩は、「お父さん、もうお正月が来るのに、子供に着せてやるものがありませんわ」と言ったのが、きっかけであった。「分からない奴《やつ》だなア」と言ったまま、ぷいと出たのであるが、年の暮れの街を歩いている父親、母親、夫婦のいそいそとした姿を眺《なが》めていると、身を締めつけるような悲哀《ひあい》に襲われてきた。

（これでも二人の子の父だろうか。夫だろうか）

と思った。妻には結婚以来、着物一枚はおろか、半襟《はんえり》一つ買ってやったこともない。子供にも同じことであった。たった一度だけ、「お父さん、ズロースを一枚買ってやってください」と言われて、二十五銭《せん》のズロースを与えたら、子供はとても喜んだ。「これ、お父さんに買ってもらった」と言って、人々の前で着物をまくり上げて見せていた。

（あの時は喜んだなア、たった一枚のズロースに過ぎなかったのに。妻の言うように、着物を買ってやろうか。どんなにはしゃぐことだろう）

子供の顔が目の前にちらついて離れない。

（その日暮らしの人たちでも、お正月が来れば、子供の着物の心配はしてやるだろう。それができないという自分は、なんという不甲斐《ふがい》なき父

であるか、夫であるか）

とつおいつ、どこに行く目当てもなく歩いた。いつしか、千住《せんじゅ》の回向《えこう》院《いん》の門前にさしかかっていた。なんだか、入りたくなって入った。たくさんの墓碑《ぼひ》が並んでいた。一つ一つ読んでいった。

吉田松陰《よしだしょういん》先生の墓。

橋本左内《はしもとさない》先生の墓。

頼三樹三郎《らいみきさぶろう》先生の墓。

その享年《きょうねん》を見ると、いずれも二十代、もしくは私と同じように三十代そこそこである。この若い命を国事に捧《ささ》げたのだ。そして、安政《あんせい》の大獄《たいごく》に遭《お》うて、事成るの日を待たずに、非命に倒れたのだ。

私は、電撃にうたれたように粛然《しゅくぜん》とした。これら、先人の墓碑にも顔向けできないような恥ずかしさを覚えた。子供の着物一枚にとらわれている――それでも道のよふぼくとうぬぼれている自分に、唾《つばき》したくなる気さえ覚えた。

人に精神を説く自分である。しかし、これではどこに精神があるのだろう。道の精神とは、己《おのれ》を空《むな》しうして一切を世のため、人のために捧げきることである。

私は、この時ほど教祖《おやさま》のひながたを尊く偲《しの》ばせてもらったことがなかった。

悟りが開けると心が晴々とした。澄みきった大空を仰いだ。着物一枚の人情から抜けきって、心が広々と、大空に融けこんでゆく気持ちであった。

「丸山時次、道の精神に生きろ！」

と叱咤《しった》した。そして、意気揚々と回向院を出た。とても気持ち良かった。

歓喜、全身にみなぎった。

「青天井を笠《かさ》に、大空に吐息《といき》して、大地を踏みしめて、往け丸山時次」

思わずも、口をついて叫んだ。

さりながら、この悟りは私一人のものであって、妻のものではなかった。妻は分からないのである。分かれば喜べるのであるが、分からないのである。分からない者を、無理に押さえつけていた私が、いけなかったのだ。

瞑想から覚めた。私はようやく、言うべき言葉を与えられた。涙に濡《ぬ》れた妻の顔をのぞいて、

「おまえ、ご苦労だったなア」

と言った。

妻はニコッとした。結婚以来、お礼を言うてもらうのは、これが初めてのことであった。そして、真剣に私の言うことを聞く顔になった。

「俺たちは子供のために何を残そう。金を残してやろうか。残念ながら、

そういう商売をしていないよ。たとえ残してやっても、子供は金で護《まも》られない。大学は出たけれど、と言うね。金があっても、名誉があっても、それが頼りにならないで、浮浪者となっている人が大勢いるじゃないか。

それじゃ、俺たちは子供に何を残そう。

親は根だ、子供は枝だ。根は明るさを求めない。盤根錯節《ばんこんさくせつ》と言う。根は、岩があろうと何があろうと、一切の不自由を楽しんで、深く深く入ってゆく。根が入れば入っただけ、枝は茂る。根が闇《やみ》に入っただけ、枝は明るさを求めて上に伸びる。

今日、俺たちが一切の不自由を楽しんで、奥深く入るのは、ただ子供のためばかりではない。子供は次代の日本を背負うお国の宝だ。宝玉《ほうぎょく》を宝玉たらしめるのが、親の勤めだ。

おまえが、大臣の母親になれないと言いきる者があるか。博士の母親になれないと言い得る者があるだろうか。楽しみではないか。これほど大きな楽しみが、またとあるだろうか。分かったか——」

妻は、にこやかに頷《うなず》いてみせた。

それから三日目に妻は起きた。しかも、初めは逆子であったのが、いつの間にか正しい位置に戻って、明けて三月、男児を安産した。

夫婦のもつれは六年かかって解けた。妻は私の信心を理解した。もう今は、私が我慢《がまん》しなければならぬこともなくなった。実に楽しい、実に明るい。

今日一日の、明日を予定しない緊張した一日、一日。子供は丈夫で、すくすくと伸びている。貧乏はありがたいと思う。

そこに私は、宗教生活のありのままの姿を見いだす。いわば、いつも死線とスレスレの生活だ。人はこれを見てハラハラする。だが私には、これほど安心な道はないのだ。

親子

一

旅に出て汽車に乗る。目に付くのはまず子供であり、思い出すのはわが子である。汽車に飽《あ》きてむずかっている子供、そのうちに母親に抱きかかえられて眠ってしまう安らかな顔。思いは、やはり妻に甘えながら眠っているわが子のうえに走る。

汽車には子供ばかりが乗っているのではない。子供はわずか一部分で、大人がほとんどである。その大人の中には、私の両親と同じ年格好の人も多い。それなのに、こういう人たちは目に付かない。見ておっても、親のことを思い出せない。

親は心を込めて子を思う。それは、この世に絶対無限のものである。けれども、子の親を思う心、これとそれとは、よほど大きな隔たりがある。親は子を思い、子は親を思う。同じ血の流れに生きる情の世界でありながら、やはり、子を思う親の心は絶対である。

「親思ふ心にまさる親心　けふのおとづれ何ときくらむ」（吉田松陰）

いかに親を思うてみても、なおそれは子を思う親心に遠く及ばないとの歌意である。

この肉親の親を思う心、子を思う心を、教えのうえの親、教えのうえの子に、同じように運べているだろうか。教会内のいろいろな問題はすべて、この親心、子心から、右にも向き、左にも向いているように思う。

肉親関係の場合と、理の関係の場合と、使う心が違ってはならないの

だ。どちらも同じである。どちらも、
親は子に絶対であり、
子は親に絶対である。
親と子の道は、これ一つである。

名は「虎《とら》さん」と呼んだ。酒が好きで、飲むと名の通り虎になるのが癖《くせ》であった。教会の者も、この人の酒にはホトホト困り抜いていた。
正月二日の夕食時であった。私をはじめ一同が御神酒《おみき》を頂いて、楽しく語り合っていた。そこへ、虎さんが戻ってきた。台所から様子を見ると、どこかで傾けてきたらしい。大分《だいぶ》いい機嫌になっている。このうえ飲ませると、あとがいけない。私は困ってしまった。すると、台所の者が機転を利《き》かせて、手際よくお銚子《ちょうし》と盃《さかずき》とを片づけた。虎さんが来るときには、もはや食卓に酒の気配はなかった。

(この人をたすけるのは酒を飲まさないことだ。これでいい、これでたすかる）

と思った。

食後、賀状の返事を書こうと思って机の前に座った。真新しい筆がコチコチに凍っていた。どうしても穂先が割れない。爪《つめ》を入れて無理に割ろうとしたら、墨に固まった鋭い毛先がグサッと爪と肉との間に刺さった。飛び上がるほど痛かった。それきりで痛みもしなかったので、気にも留めずおたすけに出た。九時ごろ、帰ってきて床に入ると痛みだした。痛みは次第に激しくなる。ついには、心臓に響くほど痛んできた。

（腐った墨が肉に入ったのかもしれない、悪くすると、瘭疽《ひょうそ》になるかもしれない。このまま痛みが止まらなかったら、明日《あす》の大祭はどうするんだ。うかつに過ごしていたが、これは案外、理が重いぞ）

と考えた。

世の中に偶然ということは存在しない。すべて天意の発現であり、原因があってのその結果である。筆の穂先が親指の爪と肉との間に突き刺さった――考えれば小さいことだ。気をつけてやれば、怪我《けが》をせずに済んだことかもしれない。不注意であった――といって、偶然であったのではない。天意の現れである。だから、悟らねばならない。

去る日、時報社の上田氏と、四国へ巡回講演に行った。本部から大阪までは、その旅行の第一歩であった。この踏み出しの車中で、二人が二人とも帽子を置き忘れた。二人とも同じ場所へ、ほかの荷物と一緒に置いておきながら、帽子だけを揃《そろ》うて忘れたのである。

「今度はいい旅ができるよ。出はなから神様が『頭が高いぞ』と教えてくださっているんだから、ありがたいじゃないか」

と言った。

これが、私一人が忘れ、上田氏一人が忘れたのなら、軽く見逃《みのが》したであろうが、二人とも忘れたのだから面白《おもしろ》い。ここまで明らかな以上は、もはや、これを偶然なりとしていられない。早く、天の声を聞かねばならない。

八月、暑さ厳しい四国路を、とうとう二人は帽子なしで歩いた。思う存分勤めて、気持ちのいい旅をした。

さて、指の疼《うず》きをこらえて反省した。

まず最初、突き刺さった時は痛まないので反省もせず、痛みだしてから、さんげの道を探そうとする勝手な自分をお詫《わ》びした。

左手である、そして、親指である。

時は正月二日の夕食後である。

（虎さんに酒を飲ませなかった、これだ！）

と直感した。

（虎さんは、理から言えば私の子供であるが、年から言えば目上である。

本当に私が親心に生きておるならば、飲ませてやるべきであった。水くさかったなア。

こんな心では、とても酒のおたすけはできぬ。虎さん一人だけではない。今のような義理一偏、常識一偏の心で、どうして多くの人を導けよう）

と思った。

殊《こと》に、自分を浅ましく思ったのは、台所の者が手際よく銚子を片づけてくれた時、やれやれ助かったと、心の中でニンマリしたことであった。これは、どう考えても親の心ではなかった。物乞《ものご》いか盗人に対する心遣いであった。

（これでも親か。なんという汚《きたな》い心だ）

私は、慙愧《ざんき》に堪《た》えず慟哭《どうこく》した。寝ていた妻を起こして、さんげした。

すると、痛みは取れていた。

二

また、ある時。

住み込み人たちの態度を見て、なんとしても分からなさすぎると思った。親だから、ばかになっておればよいと思ったが、向こうはこちらのこの気持ちを察してくれそうもない。低い心と優しい言葉とだけでは、結局つけ上がらせるばかりで、少しも向こうのためにならない。

親心は親心としてそのままにおいて、言うべきところは断固として言うてやろう。私の腹にある限り冷厳な教理を説いてやろうと決めた。

そうすると、その月の月次祭の日に、子供が下痢《げり》をして血肉まで下し、四〇度の熱が出た。どうやら疫痢《えきり》の模様である。祭典日なので人の出入りは多い。何や彼《か》やの雑用がある。心がいらいらする。当たるところがないので、妻に当たり散らした。

「大体おまえが不注意だ。この間から微熱があったんだろう。それなのに、外へ連れ出したり、堅いものを食わしたり。もっと注意しろ」と叱《しか》りつけてはみたが、叱っているうちに、我《われ》とわが言葉に、ふと思い当たる節があった。

（俺《おれ》はあの人に、歯も立たぬような堅いものを食わせた。きっと心に悶《もだ》えて、疫痢のようになっているのだろう）

私が断固として言うてやると決めてから、三日目であった。ある人のちょっとした言葉が癪《しゃく》にさわったので、今こそ思いきって言うてやる時とばかりに、断固たる態度に出た。その言葉、その教理は、かつてない激しさであった。その人は、その勢いにびっくりした。何も言わず平謝《ひらあやま》りに謝った。そして私は、やはり「断固として」が良かったと思った。

この態度。考えてみると、少しも親心ではない。頭ごなしに押さえつけただけである。大体、癪にさわるというようなことが、親心には無いはずである。

断固としてやっつけた。それは良かった。向こうは非を悟って謝った。これも良かった。ただ、向こうの腹には消化しきれない堅いものが残っている。「先生も、もう少し噛《か》み砕《くだ》いて言うてくだされぱいいものを……」と思っているに違いない。その人の悩みが、いま目の前に子供の悩みとなって、ありありと現れたのである。

（断固は人間の策であった。私はただ、真実に人をたすける心を、いつも離さずに持っておればよいのだ。それ以外のことは全部不要だ。それは、教育の世界ではあっても、宗教の世界ではない）

ここまで悟ると、気持ちが明るくなってきた。子供のことは安心して神様にお任せできた。

月次祭が済んでから様子を見に行くと、よほど変わっていた。子供は正直である。少し良くなると、あれを欲しい、これを欲しいと言う。妻が持て余しているので、一度、私が代わってやった。

子供は、おさしみを食べたいと言った。お煎餅《せんべい》が欲しいと言った。明日あげるからと、なだめても承知しない。手の付けようがないほど暴れまくる。子供の世話も並大抵でないと思った。しかし、嬉《うれ》しかった。

「暴れるようになってくれた」

と喜んだ。暴れれば暴れるほど、可愛《かわい》くてたまらない。

親はやっぱり、ばかの見本である。そうして、子には勝てない。これだけが、親の親らしさだ。

三

子供らしさ。これも、親に絶対の道を運ぶよりほかはない。

彼は故郷で借金を踏み倒して東京へ逃げてきた。貧民窟《ひんみんくつ》に入って、どうにか暮らしていたが、子供の身上から入信した。子供をたすけられて、ありがたくてならなかった。教会に来てみると、「新築はしたけれども」という部類のもので、屋根も葺《ふ》かれず、壁も塗られていなかった。そこで彼は、壁塗りを一人で引き受けた。日雇《ひやと》い労働者の貧しい中から、給料の半分を注《つ》ぎ込んで、半年かかってやり上げた。そのうちに、あの人一人に苦労をかけては申し訳ないと、ほかの信徒も動きだし、壁の塗り上がるころには何も彼《か》も揃《そろ》って完成した。形が完成するだけでなくて、人々の魂も明るく成長した。

間もなく別科に入学した。子供が父親の代わりに働いて別科費用を作った。卒業後、しばらく教会で青年づとめをしてから、自分から単独布教を申し出た。

「どこへ行くつもりです」

「会長さんのおっしゃるところへまいります」

「どこでもよろしいか」

「会長さんのおっしゃることは絶対にお受けいたします」

「それでは、あなたが借金をした新潟へ行きなさい」

彼は唸《うな》った。新潟だけは、まさかと思っていたのである。

「あなたは借金から逃げているつもりだ。あなたは逃げても、天が逃がさない。いんねんを切る道は、その新潟で苦労するよりほかにない」

彼は頷《うなず》いた。悲壮な決心をもって出発した。なにしろ、四十軒やら借り倒して夜逃げしたところである。ばかになるか阿呆《あほう》になるかしなければ、顔出しできるところではなかった。

彼は最初に、一番行きにくい家を訪問した。心から昔のことを詫《わ》びて、信心のうえからご恩報じをしたいと言った。それから四十軒、残すところなく、こう言って回った。皆が感心した。

「よくそんな美しい心になって、来にくいところへ来なさった」と言って、誰《だれ》一人として責める者がなかった。三年布教するうちに道がつき、五年目には宣教所《せんきょうしょ》を開設した。

彼は、子として絶対の道を通った。それだけの理である。親に絶対の道を通じておれば、その道は同時に、子に絶対の道へと通ずる。道は一つである。そして無限である。親は上に、子は下に、自分はその中に立っているのである。

四

向島《むこうじま》に二十八円の家を見つけて間もなくのことであった。日光大教会の用務を帯びて、私は奥州地方へ巡教を命ぜられた。

このころの布教所は、なにしろまだ一人の別科卒業生もいないという、玩具《おもちゃ》のようなものであった。私が出ていけば、あとに残る者で満足に御用が勤められる者は一人もいなかった。まずまず私に代わってやってくれそうなのが病気で寝込んでいるし、なお困ったことに、いつ何をしでかすか分からない者がおったのである。

この布教所を任せて、三月《みつき》以上の旅に出るのは心配でならなかった。しかし、大教会の命令はもだし難《がた》い。

（まだ教会になっているわけじゃない。なあに、親の御用のためだ。潰《つぶ》れてもいい。潰れたって元々だ。また一がけから、やり直すまでのことだ）

こう決心した。そして「単独布教者」と呼ばれる身の軽さを嬉《うれ》しく思った。

一月経《ひとつきた》ち、二月《ふたつき》経った。布教所からは、幾度となく呼び戻しの手紙が来た。「先生はせっかく私たちをここまで導いてくださりながら、今日《きょう》になって捨てる気ですか。皆すっかり、いずみきっております」と言うてきた。もっともな言い分であった。

巡教に出ると、いろいろな事情の教会を見た。そのたびに、心は東京へ走った。私が居てさえも不自由だった布教所――皆はいったい、どうしているだろうと思った。

（おまえが居なくても神様がおいでになるよ、心配するな）

いかにも、その通りだ。しかし病人のこと、経済のこと――心配すれば切りがなかった。まして、東京からの細々《こまごま》と様子を認《したた》めた手紙を読むと、なおさら忘れ難かった。

忘れようと努めた。しかし、これは捨てるということではなかった。それよりも、より尊きことのために、一切を空《くう》にして捧《ささ》げきるのだと思った。だから、東京へは、「私一人が巡教しているのではない。あなたたちも私と一緒にやっているのだ。尊きことのために、みんなが共に不自由を喜んで通ろう」と言うてやった。

十二月になってから、四月《よつき》ぶりで東京に戻った。皆はよく辛抱していた。乏しい中を、よく忍んで守ってくれていた。しかし、見る影もない惨憺《さんたん》たるありさまであった。家賃の滞納、米屋の借金、電気は切られて闇《やみ》の生活、そして病人は、私の顔を見ると涙ぐんでいるのである。

私は座り込んで腕を組んだ。考えた。何から、どう手をつけてよいのか分からない。ただ分かっているのは、皆、飢《う》えているということだけであった。その飢えを満たしてやるには、私という親は乳の細い親だ。この親では、もはやどうすることもならない。

（会長さんに来てもらおう）

と思いついた。

だが、この布教所へ来てもらって、いったいどうしようというのであろう。さしあたり、炊いて差し上げる米もない。まだある。お送りする汽車賃もない。

私は再び途方に暮れた。やがて、

（親だもの）

と思った。

親だもの、こんな所へも来てくださろう。親だもの、汽車賃を送らなくても来てくださろう。親だもの、子供と一緒にお粥《かゆ》なりとすすってくださろう。たまには、甘えさしてもらってもいい。

すぐさま小銭を掻《か》き集めて電報を打った。夕方、その返事が来た。明朝五時に新宿《しんじゅく》へ着く、とあった。

私はまた困った。

新宿へ五時までに着こうと思えば、向島は二時に出なければならぬ。だが、その時間には電車がない。どうしたって、歩いていって、帰りは自動車より方法がないのであった。仕方ない。あるだけの着物を質に入れて、五円なにがしの金を得た。

五時着の汽車で会長は来た。ああ、しかしその姿を見よ。私は、人込みの中に会長の姿を見つけて、胸がいっぱいになった。

毛が抜けて生地の見え透《す》いた、真っ赤に焼けた二重まわし。帽子は、格好が崩れて埃《ほこり》のしみ込んだ、色目も分かたぬ先代の遺物。子供ばかりが不自由しているのではない。親もまた、かくの如《ごと》しだ。真実、己《おのれ》を空《むな》しうして人のため、世のために捧げきっているのだ。

布教所には、着替えてもらう一枚の着物もなかった。とうとう、そのままの姿で信者回りをしてもらい、病人におさづけを取り次いでもらった。

会長は至って話し下手《べた》である。田舎《いなか》の言葉を丸出しで、何が飛び出すか知れたものではない。この風《ふう》で、この話で――。しかし理は動いた。風体《ふうてい》が人を動かすのではなかった。話が人を感動さすのでもなかった。

人を動かすもの、それは真実一つであった。

布教所は、たちまちに活気づいた。あちらの信徒、こちらの信徒が、先生が長らくご不在で、さぞかし不自由だったでしょうと言って、米や炭や野菜を持ってきてくれた。

会長には、お粥をすすってもらうことなく済んだ。それればかりではない。布教所の者も、親の乳を飲んで生き返った。

御用に行き詰まって四苦八苦しているのに、なおこの苦しみを親に打ち明けようとしない人がある。それでは、親に申し訳ないと言う。子の道が立たないと言う。

私はそうは思わぬ。そういう時は、親の乳に飢えている時である。潔《いさぎよ》く、親に縋《すが》りついて、その飢えを満たしてもらうことだ。

友達同士でも遠慮気兼ねは水くさい。まして親子の仲では、なおさらのことだ。

子の立場からは、

「親だもの」

親の立場からは、

「子だもの」

これでいいと思う。

歓喜

一

科学の国ドイツで、名刀正宗《まさむね》を科学的に分析して研究した。地金の質も、焼きの入れ加減も、そしてまた力学的に、そりの度合いも、重心の位置も、およそ刀の要素というべき要素を一切調べ上げた。そのうえで、この抜け目のない研究に基づいて、正宗と同じ刀を再製した。質も形も寸分違《たが》わぬものができた。そこで試し斬《ぎ》りをしてみた。立ち木に斬り込むと、実によく斬れたけれども、刀は見事に折れてしまった。ついに折れない正宗は、いくら研究しても得られなかったという。

刀工正宗は近代的科学者ではなかった。ただ黙々と、時間と経済と名誉とを超越して鍛刀《たんとう》に没入した。己《おのれ》を空《むな》しうして、刀の世界に生きた。この至誠《しせい》、これが科学以上のもの、科学では説明のつかない神品《しんぴん》を生み出したのである。

この道は「胸から胸へ」の道であるがゆえに、真実一つが生命である。しかもそれは、身をもっての真実である。

実行ということを喧《やかま》しく言われる。実行の伴わない信心は零《ゼロ》だと教えられる。初めは、何が何だか分からないままに実行する。「朝起き、正直、働き」、この三つを目標《めどう》に一生懸命にやる。やっているうちに分かってくる。雑巾《ぞうきん》がけ、それ自体にも意義はあるけれど、この一つの行《ぎょう》の中に、己を空しうして捧《ささ》げられてゆく真実の養いが尊いということが分かってくる。そして、実行してみてから聞く教理は、一つ一つなるほどと頷《うなず》かれるのである。信心は、こうして身につくのである。聞いた感心、見た感心は、どこまでも人のものであって、自分のものではない。こういう教理では、人をたすけられない。

先年、実行の親玉といわれる柏原源次郎《かしはらげんじろう》先生のお供をして北陸方面を巡回した。

二十丁《ちょう》（約二キロ）以内のところは必ず歩く。

朝づとめ前には必ず起きる。

晩には、たとえ一人でも二人でも集めてお話をする。

先生の日々は、自分のためにつくる隙《すき》がない。あくまでも己を攻めるに厳《げん》である。而《しか》して、人には至って寛大である。

北海道の教務支庁長に就任し、現地へ向かわれる時、駅売りのお茶を買わないで、はるばる一升瓶《びん》に番茶を入れて携行された。迎えに出た人の中に酒好きがいて、目早く一升瓶を見つけ、「先生、なかなか気が利《き》

いている。わざわざ関西から灘《なだ》の生《き》一本を持ってこられた」と、早くも喉《のど》を鳴らして、

「先生、おいしそうなものをお持ちですが、一つ、ご馳走《ちそう》にあやからしてください」

と言った。

　飲んでみれば、何のことはない、ただのお茶であった。

　柏原先生にはとても及ばない私であるが、私も常に身を攻めているほうである。友人がよく、

「君、あまり固くなるな。信心は、そのような窮屈《きゅうくつ》なものじゃない。神様のお与えを喜んで頂けばいいじゃないか」

と注意してくれる。なかにはまた、

「あなたのようなことをしていて、どこに楽しみがあるのですか」

と言う人もいる。

私は答える。

「自分から求めて得るものは決して楽しみではない。真の楽しみは、天から与えられるものだ。天が、おまえには与えずにおられんとお恵みくださる楽しみこそ、永久に尽きない、滅びない楽しみだ」

だから私にとっては、貧乏結構、襤褸《ぼろ》結構である。天がお与えくださる人だすけの中に、金をもっては買い得ない楽しみがある。

したい放題して、いったいどこに教祖《おやさま》の道があるかと思う。少しの気の緩《ゆる》み、それが、やがて放縦《ほうじゅう》となる。それはもはや、宗教家の生活態度ではない。私は常に自分に言い聞かせる。

「私は宗教家である。しかも、人だすけに生きている宗教家である。私は宗教学者でないから、書物に齧《かじ》りつく必要はない。いつでも人をたすけられる真実だけを持っておれ。そのためには、常にわが身に厳《げん》であれ。これが、私の準備のすべてである」

二

ある友人が、青い顔をしてやって来た。

「どうしたのかね、その顔は」

「栄養不良なんだそうだ。医者は十分に栄養をとれと言うので、いろいろと研究して、あれをこれをと食べてみた。そして、もうよかろうと思って診《み》てもらうと、まだいけないと言う。また研究して、三度の食事に金を惜しまず贅沢《ぜいたく》をしてみた。それでも、まだ足りないと言うのだよ。僕はもう参った。食べ物の心配だけで神経衰弱になりそうだ」

「贅沢な心配だね」

「丸山君、冗談じゃないんだ。実は、今日《きょう》もこれから昼食なんだけれども、何を食べようかと心配しているところなんだ」

「まず、あまり気にかけないことだ。君は金に困らないのだから、十分滋養のあるものを食いたまえ」

私はそれ以上に多くを語らなかった。彼はまだ、本当に行き詰まっていそうにもないので、教理を説く気持ちがしなかったのである。

それから彼は、あらゆる栄養物を食べたが、どうしてもいけない。ついに本式の神経衰弱にかかり、医者には「腸の衰弱がひどいから何を食べても吸収されない。もう、この腸の回復は見込みがない」と匙《さじ》を投げられてしまった。

夫婦には子供が一人あった。その子供がまる三つにもなっているのに、ようやく這《は》うだけで立って歩けない。それもそのはずである。夫婦には喧嘩《けんか》の絶え間がなかった。

夫人の言い分はこうである。

「兄妹《きょうだい》中で、わたしが一番貧乏くじを引いた。何でまあ、こんな貧乏官《かん》吏《り》のところへ来たのでしょうね。一カ月の給料が、あたしの小遣《こづか》いにも充《あ》たらない。ああ、つまらない」

夫にはまた夫の言い分がある。

「大学の同窓中では俺《おれ》が一番出世頭《しゅっせがしら》だ。そのうえ風貌《ふうぼう》にも自信がある。将来を嘱望《しょくぼう》された高等官なんだ。貰《もら》おうと思えば、どんな美人も選び放題だった。おまえなんか、大勢の候補の中では半《なか》ば以下だったんだ。少しは謙虚な、つつましい気持ちになって夫に仕《つか》えるのが当たり前じゃないか」

両方とも一歩も譲らない。こうした夫婦の擦《す》れ合いが、胃腸の弱い子供の身上に現れていたのである。

家に帰っても面白《おもしろ》くないので、彼はついに女を漁《あさ》り歩くようになった。そして、病気にかかって、それを妻に感染さした。それが案外にひどくて、妻も子も揃《そろ》って入院してしまった。

将来に期待をかけられていた彼の人生も、ここに至っては散々の体《てい》である。妻子は病院へ、自分は極度の神経衰弱。生きる希望を失って、ある夜、品川《しながわ》の海岸を歩いていた。黒い海に魅《み》せられて、一歩一歩死に近づいていた。その時ふと、私のことを思い出した。

夜遅く、亡霊のように、私の布教所へ来た。布教所とはいえ、例の貧《ひん》民窟《みんくつ》の二階である。六畳一間である。

「丸山君、参った」

と言って、ガックリうなだれた。

「どうかね、少しは栄養が利《き》いたかね」

「それどころじゃないんだ。全くお話にならないんだ。……これでも、救われる道があるだろうか」

「あるよ。大いにあるよ」

「どこにあるんだ。頼む、どうかよろしく導いてくれたまえ」

「どんなことでも、絶対に僕の言うことを聞くという決心をしたまえ」

「うむ」

「決心できたかね。――僕は明日《あす》、本部へ参拝に行くのだ。君も一緒に行こう」

　返事がなかった。妙な顔をした。

「何だ、絶対聞くんじゃないのか。それじゃ僕は、もう知らない」

「いや行くよ、行くよ」

「どうせ君、死ぬ気なんだろう。魚の餌《えさ》になって死ぬ身なら、友の腕に抱かれて死んだほうが意義あるじゃないか」

「行けば三日や四日かかるんだろう。それでは役所のほうが……」

「それじゃ、もういいから品川へ行きたまえ」

　とうとう私は笑ってしまった。彼も沈痛な顔に微笑をもらした。そして、参拝する決心をした。

「ところが君、明日は君以外に重病人が三人もいるんだ。子宮癌《がん》と中気と腸結核とだ。三人に比べると、君は問題にならないのだから、あまりお世話できないかもしれないよ」

と、私は念を押しておいた。

翌日、約束の時間に、中気も子宮癌も腸結核も、東京駅に集まった。しかし、彼だけが来なかった。やっぱり駄目《だめ》か、と思うていると、時間ぎりぎりに、旅装もせず、ステッキ一本ついてやって来た。その後ろには、入院しているはずの細君がいた。

「丸山君、妻の奴《やつ》に反対されて、ホトホト参った。僕は固い約束をしてあるのだから断れない、おまえが行って断ってくれ、と頼んで連れてきた」

彼はそう言って、細君を私に引き合わせた。

「奥さん、幸福になりたいと思いますか」

時間がないので、迂遠《うえん》なことを言っておれない。

「はい……」

「ご主人は随分《ずいぶん》高慢ちきで、わがままですね。奥様は随分お困りでしょう。私が引き受けて、ご主人の心を直してみせましょう。その間、四、五日ご主人を貸してください」

細君はニッコリした。

「じゃ、あなた行ってくださる」

と言った。

「だって俺は、金を持ってこなかった」

細君は、いそいそと帯の間からがまぐちを出して、そのまま彼に手渡した。

時間が迫っているので、ホームへ急ぐのだが、私一人では、あまりにも荷物が多すぎた。中気は背負わねばならん、腸結核の手を引いてやらねばならん、そしてトランクを提《さ》げねばならん。彼は見兼ねて、手伝ってくれた。昨夜、品川で死にかかっていた男が、今日は自分の病気を忘れてトランクを持ってゆく姿を、私は尊く眺《なが》めた。そして、大きな荷物を背負いきれないほど持って真剣にやっておれば、小さい荷物はおのずから片づいてゆくのだと思った。

車中での病《やまい》の世話も、なかなか並大抵ではなかった。腸結核を幾度となく便所に連れてゆかねばならなかったし、中気は、いちいちおんぶして狭い通路を往来しなければならなかった。

それでいて、病人たちは皆元気だ。友人はその姿、その心持ちを不審に打ち眺めた。

「こうしてみると君、僕の病気なんか問題にならないね。大したものだな」

と感心し、

「これが皆、治るのだろうか」

と言った。

「病気のことは考えるな。病気よりも先に、心を直さねばいけないよ。病気は、心が直ってからでよい」

そのうちに彼は眠りだした。よく眠った。名古屋近くまで来ているのに起きない。

「おい、もう来たよ」

「なに、もう来たか。僕は七時間以上も寝たんだね。実に不思議だ。神経衰弱で夜はほとんど安眠したことなんかなかったんだ。それが君、この汽車の中で、よくこれだけぐっすりと眠れたもんだ。頭がスーッとしたよ。これが君の言う、神様ってもんかね」

と、彼は嬉《うれ》しそうに言った。

名古屋での乗り換えも大変だったが、彼は東京駅での手伝いよりも、

倍も三倍もの荷物を持ってくれた。そして、汽車に乗ってから、

「お腹《なか》が空《す》いてきた」

と言った。

そうすると、腸結核もまた「先生、お腹が空いてきました」と言う。

「重湯《おもゆ》も何もないよ。汽車弁当でいいか。それから君——君も、ここには栄養物がないけれど、汽車弁当で我慢《がまん》するか」

彼は笑って「俺がひのきしんしよう」と飛び出し、弁当を五つ買ってきた。

みんな、おいしいおいしいと言って食べた。殊《こと》に腸結核は、昨日《きのう》まで重湯しか通らなかったのに、きれいに食べてしまって、

「先生、こんなに食べて、わたし恥ずかしい」

と言うのである。皆、笑った。友人は、自分より重い病人が、目に見えてたすかってゆく姿に、ただただ感激した。

本部に着くと、四人の病人は四人とも、ますます元気になった。子宮癌が腸結核を抱いて、三年ぶりの風呂《ふろ》に入れてやる。こんなに気分のいいことはないと言って喜んでいる。その翌日は、みんなでお墓地に参拝したが、五丁《ちょう》の道を途中三回ほど休んだだけで歩きおおせた。連れている私も、たまらない感激を覚える。それにもまして、四人の病人の歓喜は筆舌《ひつぜつ》に絶していた。

あたかも、本部境内の地上げで、土持ちひのきしんが行われていた。腸結核はついに、これもできるまでになった。友人も加わった。何万という人々が右往左往しているのだ。その混雑は一通りでない。人に少々ぶつかっても、しょうがないのだ。彼もまた思わず、前を行く人に激しく突き当たってよろめいた。そうすると、向こうの人が「やあどうも、申し訳ありません。なんともなかったですか」と謝《あやま》った。彼は呆然《ぼうぜん》とした。突き当たって謝られるという、こんな世界は知らなかった。

（ここは違った世界だ）

と感嘆した。

「丸山君、分かったよ。ありがとう、何も彼《か》も分かったよ。ここそこ、人の世界だったんだね。ここに比べると、僕の家庭はまるで動物園だった。恥ずかしくて、お話にならない」

こう言って涙を流した。いまや彼には、見るもの聞くものすべてが、感謝と感激の種ならざるはない。見違えるほど元気になって帰京した。

それから一週間ほどして彼の家を訪れた。日曜日で、親子三人が楽しそうに遊んでいた。細君が出てきて、

「先生！」

と言って頭を下げた。

「どうですか」

「先生、本当に幸せにしていただきました。結婚生活五年で、こんなに

楽しい日を初めて迎えました。主人のありがたさが胸に迫って感じられます」

と言った。

親子三人が、初めてこの世に歓喜を見いだした。理屈を言うている時には夢にも思い描かなかった世界が、思いきって天意に沿うた生活をしてみて、この世の歓喜、これに過ぎるものはないという境地を知ったのである。

真の喜びは、天の与えでなくてはならぬ。私は、その喜び、その楽しみだけを味わう。それ以外の楽しみは、求めたってつまらない。

昨日と今日、まるきり変わってゆく人の姿。

そこに見いだす神の姿。

私さえ、己《おのれ》を空《むな》しうして勤めきっておれば、病気一つせずに、すくすくと伸び育ってゆく子供の姿。

これこそ天の与え給《たま》う楽しみだ。これに勝《まさ》る歓喜が、この世にあるとは思えない。

三

飲んだくれである。子供を四人抱えた家のことを考えもせずに、酒浸《さけびた》りの男である。三十三歳の若さで中気になって動けなくなった。とうとう一家六人、方面委員《ほうめんいいん》（民生委員の前身）の厄介《やっかい》になった。

ここへ、おたすけに運んだ。

四畳一間《ひとま》に家族六人である。昼間から蚊《か》が鳴いている薄暗いところだ。なんだか言いようのない、酸《す》っぱい臭《にお》いと溝の悪臭が立ち込めている。衛生も何もあったものではない。まさに人生のどん底である。こういう様を見るにつけても、贅沢《ぜいたく》言うてはもったいないと思った。

私はただ、この人に徳を積む道を説いた。あらゆる方面から真剣に徳を積んで、一日も早く、人に心配をかけない、政府のお世話にならぬ人間になれと言った。

ある秋、東京に大水が出て、その貧民窟《ひんみんくつ》は水浸しになった。この家の最大の被害は、その前日、買ったばかりの米を流してしまったことである。

避難所に訪ねてゆくと、

「昨日米を買って、今日失《うしの》うたんです。ご恩報じができていないからでしょうね」

と言う。

私は怒鳴《どな》りつけた。

「ばかなことを言っちゃいけない。私は、あなたから一合二合のお米をお供えしてもらいたくて来ているのではない。一日も早く政府のお世話になっているところから離れてもらいたいのだ。三度の食事を二度にしてでも、真剣にその努力をしてもらいたいのだ。来年こそ一人前の人間になってくれ」

男は、ホロホロと涙をこぼした。

不思議に子供たちはよくできた。学校の成績も良い。親の手伝いをして、朝も晩も、一生懸命にボタン付けの手内職をした。三番目の子が殊《こと》に成績が良かったので、先生が訪ねてきて高等科に入るようにと勧めた。

男も、やがて不自由な手を動かして内職を始めた。そうして、

「先生、これは私の儲《もう》けです。どうかこれを、私と同じような人たちを救う道にお使いください」

と言うて出してくれる。

その姿を見て、ああ、彼も神の恵みに浴する日が来た。ああ、彼は救われたり、と叫ばずにはいられなかった。そして、腹の底から湧《わ》き上が

ってくる喜びに酔うのである。

私は、東京中の困った人間――食うにも食えん、医者にもかかれん、そういうどん底の人間に手を差し伸べようと、胸に描いている。布教の第一歩から、谷底布教がその本願であった。それが八年にして、行くべき道がはっきり見えてきた。小部屋の多いバラックに、方面委員の手余りを集める。ただし、入る時に、

「僕と一緒に生活しよう。君たちだけを飢《う》えさすことはない。君たちが飢える時は、僕も一緒に飢える時だ。これだけ承知しておいてほしい」

と言い渡す。

それから、東京の近郊に農園を求めて、病のたすかった者をここへ送る。土に親しんで信仰を培《つちか》い、信心の進んだ者から順次、別科へ送る。

これが私の理想教会である。

私は、谷底布教に捧《ささ》げてこそ、大地を踏みしめて立つという宗教家ら

しい歩みができると信じている。

西へ吹こうが東へ吹こうがビクとも動かない生活と信念。それは、自らが困苦と欠乏の中に身を投じて、そういう人々と共に生きてこそ、培われるものであると思う。

今日一日

一

彼は紙屋の小僧である。主人の目があろうとなかろうと、自分の仕事にただ忠実な彼であった。ひと口に言えば、己《おのれ》の職務に全没我的であった。

この店が、ある事情から致命的な打撃を受けた。店員たちは、こんな店におっても将来性がない。一日でも長くおればおるだけ損になると、一人去り二人去りした。ついに残る者は彼一人となった。店員が減るにしたがって、彼の活動はいよいよ真剣になった。人が少なくなったからといって、それだけ彼の給料が増えるわけでもない。しかし、彼の仕事と努力は三倍にも四倍にもなった。

人々は彼を「ばか正直者」だと笑った。なかには、「どうせ潰《つぶ》れることが目に見えているじゃないか。一日も早く辞《や》めたほうが、お互いの得だ。他所《よそ》へ行くなら、いくらでも世話してやる」と親切に言うてくれる者もあったが、彼の心は動かなかった。人々は嘲《ちょう》笑《しょう》を浴びせかけて去っていった。もう誰《だれ》も、彼に話しかける者さえいなくなった。

主人を守り、店を守り、孤軍ただ勤めた。しかし、大廈《たいか》の崩れるや、よく一人の守り得るところではなくなった。彼の捨て身の勤めも空《むな》しく、閉店の日が来た。彼は涙を呑《の》んで、この店を去ることになった。

この時、神はすでに彼のための素晴らしい贈り物を準備されていた。

今の店より、もっと大きい紙屋の主人が迎えに来たのだ。しかも、その店で彼に与えられた位置は、もはや小僧上がりの一店員ではなかった。堂々たる支店長であった。

彼の信念は、如何《いか》にして今日《こんにち》の職務を果たすかということ一つにあった。それ以外に何もなかった。店が潰れて主人から暇を出されるまで、与えられた務めに驀進《ばくしん》する、これが店員としての生きる道であるとしていた。務めの与えられている限りは、それに全生命を捧《ささ》げて他を顧《かえり》みなかった。

言い換えれば、今日《きょう》一日に徹底的に生きたのであった。

かつて、ある高利貸と話したことがあった。彼は、

「この世の中は金ですね」

と言う。

「金が必要ですか」

「もちろん、言うまでもないことですね。金がなければ、どうすることもできないではありませんか。子供の教育一つにしても金です」

「高利貸でよく儲《もう》かったでしょう。子供の教育も十分できたでしょう」

「まあ、どうにかね」

「何人やりました」

「四人、教育しました」

「どうです、学校を卒業して、皆、立派になっておられますか」

「長男は大学を出ました」

「そして、どこに勤めておられます？」

「この二階におります」

「この二階にお勤めですか。そうすると、病気にお勤めですね」

「ええ、まあそうです」

「その他のお方は」

「二男は身体《からだ》は丈夫ですが、頭がもうひとつ良くないので困っています」

「どうも、あなたの家は繁昌《はんじょう》とは言えませんね。商売は繁昌かもしれないが、子孫繁昌とは言えないではありませんか」

「世間でよく言う、学校は出たけれど、という仲間の者ばかりです。ホトホト困ります」

「あなたの考えが違っているからですよ。あなたのようなことを、世間では、いすかの嘴《はし》の食い違いと言う」

「それでは、どう考えますか」

「頭が良くて、身体が丈夫で、性質が良い、こういう子供をこしらえておけば何も心配は要《い》らない。こういう子供が育つように考えることだ」

「どうしたらできます」

「親が己を空しうして、人のため、世のために捧げきる。これ以外に道はありません。親が、こういう精神に生きておれば、子供もまた、その精神に生きる子供となる」

自分は果たして出世するだろうか、子供が良くなってくれるだろうかと、思い煩《わずら》う人は多い。しかも、これは世の人々の最も大きい、誰にも共通する悩みである。

要らぬ心配はおやめなさい、と私は言う。

自分の将来を最も明らかに予見できる、たった一つの方法がある。自分が果たして、日々常々、感恩、報恩の生活をして、どこに向かっても恥ずかしくないかどうか。これさえ分かれば、将来はおのずから明らかである。

今日一日、神様のご恩にいささかなりともお応《こた》えできたかどうか。人のため、社会のために少しでもお役に立ったかどうか。友人、隣人の恩を感謝して通ったかどうか――夕べに静かに反省して、何ら思うて悔いなき一日一日であれば、人生のことは、さらにわれわれが思い煩うまでもなく、神が守ってくださるはずである。

今日一日が生涯である。

今日一日が、感恩、報恩の生活であって、それ以外の何ものでなくてもよい。

宗教家と呼ばれる者は、殊《こと》に、かくあらねばならぬ。これが、宗教家の唯一の生命である。

二

向島《むこうじま》に布教所を構え、それが教会となってからも、私は長らく米の一升《しょう》買いをした。ある日、嚢中《のうちゅう》に一円二十銭《せん》あった。今日一日が生涯だと思って、一円は尊きことのために捧《ささ》げて二十銭残った。考えてみると、住み込み人の食うものがなかった。「食える時は共に食おう。飢《う》える日は共に飢えよう」。これが教会の建前《たてまえ》であったから、強《し》いて私が食うに心配をしなくてもよかったのだ。

二十銭持っておたすけに出た。途中ふと、一升十八銭という米が目についた。二十銭あれば一升買える。私は、神様が「おまえたちは今日飢えささぬ」とおっしゃっていると思って、一升買った。それを自転車の後ろの荷台にくくりつけて、また、おたすけに回った。

ある家の御内儀《おかみ》さんは、私の安米《やすごめ》の一升買いをよく知っている。その日も自転車の荷物を見て、

「先生、また今日もねえ」

と言って笑った。そばに主人がおって、

「なんだねえ」

と言った。主人はあまり私にも会《お》うていないし、信心もしていなかった。

「いいえ、先生はいつも、一升二十銭までの安米を、五合、一升と買われるんですよ」

と言った。

主人は頷《うなず》いて、何か真剣な様子をした。そして、この時から、主人もまた、熱心な道の信心に生きた。

私は、布教師の生活は常に真空であれと言いたい。宮本武蔵《みやもとむさし》と佐々木巌流《ささきがんりゅう》の試合の一節《ひとふし》に、作者は「武蔵の目は巌流を吸引する――」と書いている。勝敗を超えた武蔵の心は、真空であった。心の真空は巌流の身も心も諸共《もろとも》に、武蔵の剣の下に吸い込んだのであった。

道の布教師の生活精神は、これでなくてはならぬと私は信ずる。

もはや、金がものを言うたり、地位がものを言うたりする時代ではない。ただ、己《おのれ》を空《むな》しうして人のため、世のために捧げきった生活の中に積まれる徳だけが、輝く時代である。

自己本位の迷妄《めいもう》は消えろ。

我利《がり》我利《がり》の妄執《もうしゅう》も消えろ。

今日こそ、教祖《おやさま》ひながたの実践あるのみの時代である。

不自由の中に歓喜を見いだす生活。

感恩、報恩に尽くされる生活。

これだけである。そして、この生活は、

今日一日が生涯

という信念によって貫徹されるのである。

復刊に寄せて——祖父・丸山時次のこと

　ある日、道友社の方から『今日一日』を復刊したいと電話がありました。『今日一日』とは、理實《りのみ》分教会初代会長、祖父・丸山時次の最初の著書であります。

　願ってもないありがたい話と、二つ返事で承諾いたしましたが、一つ難題がありました。それは、「復刊に際して、あとがきに代わるような文章をお願いしたい」ということでした。

　初代会長は昭和三十一年七月、図らずも講演先で、五十三歳の若さで出直しました。それは私が生まれる十年前のことで、もちろん会ったことも、話をしたこともありません。実の祖父とはいえ、未知の人のことをどのように書けばよいのだろうかと、考え込んでしまいました。

恥ずかしい話ですが、私は高校を卒業するまで、祖父の歩んだ道中にほとんど関心がありませんでした。関心を持つようになったきっかけは、天理大学に入学して間もなく、ある先生が私のところへ来られ、「あなたは丸山時次さんのお孫さんか？」と聞かれたことにあります。「はい」とお答えすると、「先人の布教師の本を出したいので、協力してほしい」とのことでした。その件は父親（丸山祐一郎・前会長）に頼みましたが、出来上がった本のタイトルは『炎の伝道者たち』というものでした。

祖父が炎の伝道者？　それが当時の私の正直な気持ちでした。丸山時次とはいったいどんな人物だったのかと、ここでようやく祖父のことを知りたいと思い、すぐに天理図書館で絶版になった本を借りたのです。実はこれが、祖父の本との最初の出合いでした。

その後、信者さんからもいろいろなエピソードを聞かせていただくうちに、祖父の人となりを想像できるようになりました。ある信者さんの話では、講演の後によく「今日の話はどうだった？」と尋ねていたそうです。そして、それに対して生意気な意見を言う若造の話も〝そうかそうか〟と聞き、包み込む懐の広さと深さがあったということでした。

また、これは叔父《おじ》から聞いた話ですが、たまに帰ってくる祖父の肩を揉《も》みながら、「なあ、信仰は商売だよ。ただし、人をたすける商売だよ」と聞かされたそうです。その言葉の影響もあってか、叔父は経営学の道に進みましたが、考えてみれば、確かに祖父の言う通りかもしれません。商売では目に見えぬ信用が大切であるように、信仰の世界においても、目に見えぬ「理」や「徳」が何より大切だからです。

それは、本文中の次の一節からも感じます。

「私はしみじみと、親として子供に残してやりたいものは『徳』であると思う。（中略）私が子供に残せるものは、伏せ込んだ親の真実の徳、これればかりである」

赤裸々に語られる文章からは、「理」と「情」の狭間《はざま》で、または「純な心」と「俗な心」の葛藤《かっとう》のなかで、もがきながらも、無い命をたすけていただいたご恩を忘れず、前を向いてひたむきに歩もうとした姿が目に浮かびます。その愚直な姿こそが、わが教会の忘れてはならない「元一日」であるということに、あらためて気づかせていただきました。

祖父がこの『今日一日』を書いた昭和十五年は、初版の自序に「国家未曾有《みぞう》の節にあたって」とあるように、戦時色が次第に濃くなり、食糧の配給制や敵性語（英語）の使用禁止、「贅沢《ぜいたく》は敵だ」などの標語とともに、徐々に不自由な生活を強《し》いられるようになったころでした。図らずも、この書が復刊される今の時代も、さまざまな面で「国家未曾有の節」に直面しているように思います。

「もはや、金がものを言うたり、地位がものを言うたりする時代ではない。ただ、己《おのれ》を空《むな》しうして人のため、世のために捧《ささ》げきった生活の中に積まれる徳だけが、輝く時代である」（本文から）

私は、丸山時次を祖父として見ていません。著書を読んで以来、布教師としてしか見ていません。そして、その筆舌に尽くし難《がた》い信仰初代の布教道中は、代を重ねた信仰者が圧倒的に多いこの時代だからこそ、胸に迫るものがあります。

なぜか？　いまの自分を振り返り、己を空しうして神一条の道を通っている自覚や自信がないからです。祖父のように一切の自己を捨てて、人に笑われ、そしられる道を自分自身が通っていないからです。身内ではなく一人のよふぼくとして、ストイックなまでのその背中に憧《あこが》れます。

いま、あらためて読み終えて、「布教師はかっこいい」と、若いころには思いもしなかった感情が胸に湧《わ》き上がってきました。

戦争を乗り越え、高度経済成長を経て今日があるのですが、町の風景や時代は変わっても、変わらないもの、変わってはいけないものは常に傍《かたわ》らにある、ということを強く感じた次第です。

最後になりましたが、この本の復刊にご尽力くださった道友社編集出版課の方々にお礼を申し上げ、復刊に寄せてのあとがきとさせていただきます。

立教百七十四年六月

理實分教会四代会長　丸山時郎

丸山時次（まるやま・ときじ）
明治36年(1903年)、長野県東筑摩《ひがしちくま》郡片丘《かたおか》村北内田(現・松本市内田)に生まれる。逓信講習所を卒業後、東京の郵便局に勤務しながら中央大学夜間部に学ぶ。大正14年(1925年)、肋《ろっ》骨《こつ》カリエスの身上となり、学業、仕事ともに断念。熱心な信者であった祖母さいと、妹久子の勧めにより初めておぢばへ帰り、その雰囲気に感動し入信。昭和4年(1929年)、天理教校別科卒業。5年、布教のため再度上京。9年、理實《りのみ》宣教所設立。31年、53歳で出直す。著書に『素貧の書』(養徳社刊)がある。

道友社文庫

今日《きょう》一日《いちにち》

立教174年(2011年) 8月26日　初版第1刷発行

著　者　丸　山　時　次

発行所　天理教道友社
〒632-8686　奈良県天理市三島町271
電話　0743(62)5388
振替　00900-7-10367

印刷所　株式会社天理時報社
〒632-0083　奈良県天理市稲葉町80

ISBN978-4-8073-0560-5
定価はカバーに表示